KB138366

에리히 프롬 진짜 삶을 말하다

나는 왜 무기력을 되풀이하는가

에리히 프롬 진짜 삶을 말하다

나는 왜 무기력을 되풀이하는가

Erich Fromm

에리히 프롬 지음 | **장혜경** 옮김

🌱 나무생각

| 일러두기 |

이 책은 국제 에리히 프롬 협회의 라이너 풍크가 주도적 삶에 대한 에리히 프롬의 글을 모아 엮은 책입니다. 출처는 다음과 같습니다. 국내 미발표작은 굵은 글씨로 표시하였습니다.

01 **1958년의 강연 '현대인의 도덕적 책임'**
02, 03 《**인간의 본성**》(**에리히 프롬, 라몬 시라우 공저**)의 **서론**
04 《자유로부터의 도피》에서 발췌
05 《자유로부터의 도피》, 《건전한 사회》에서 발췌
06 **1937년 《사회 연구 잡지》에 실린 논문 〈무력감에 대하여〉**
07 **1974년의 강연 '정신분석의 임상적 측면', 1959년의 강연 '창의적 인간'**

라이너 풍크 (국제 에리히 프롬 협회 이사)

인간은 근대까지만 해도 스스로가 초월적인 힘 덕분에 존재
한다고 생각했다. 15세기 르네상스는 인간의 존엄성에 대한
관심을 일깨웠지만, 인간의 실존이 스스로의 힘에 의한 것임
을 강조하며 인간이 자신의 미성숙과 결별하고 자율적 주체
가 되어야 한다고 가르친 것은 계몽주의 철학에 이르러서다.

  현실은 주체가 만든 것이지만 동시에 독자적인 (객관적인)
것으로 남기에, 인간은 정신적, 육체적, 감정적으로 이를 인
식하며 관계를 맺을 필요가 있다. 자연과학과 인문과학은 현

실을 바라보는 이런 시각과 더불어 발전하였으며 자연과 생명, 인간의 합법칙성에 대한 예상 밖의 통찰을 가능하게 만들었다.

현실에 대한 이런 시각과 인식은 포스트모던에 와서 현실은 생산, 창조, 제작된다는 생각으로 대체되었다. 창조된 현실을 기존 현실에 견주어 평가하라는 요구는 점점 외면당하고, 일부는 명백히 부인당하거나 의도적으로 무시당하기도 한다.

의도적 무시 현상은 모든 분야에서 관찰된다. 오락 산업이 만들어낸 인위적인 세계는 자연 체험보다 더 흥미롭고 스릴 넘친다. 전달받은 뉴스는 직접 탐구한 소식보다 더 신빙성이 있고, 오스트레일리아나 캐나다에 사는 어떤 사람과 인터넷을 통해 맺어진 관계가 이웃과의 관계보다 더 매력적이다. 어찌 보면 우리는 인간이 창조한 가상의 세계에서 더 편안함을 느낀다. 마약, 암시요법, 환각 물질에 끌리는 마음은 자신이 창조한 현실을 더 우대하는 사실로 설명이 가능하다.

사회심리학적으로 볼 때 연출된 현실에 대한 매력은 마케팅을 통해 결정된 현대인의 욕망에서 그 원인을 찾는다. 이는 자신을 시장에 내놓으려는 욕망, '좋은 기분'이 되고자 하는 욕망, 타인에게 잘 보이고 싶은 욕망이며, 동시에 힘들고 갈등이 만연하며 파괴적이고 실망스러운, 불쾌한 현실 및 자아 인식에서 도피하고자 하는 욕망이다.

여기서 특히 중요한 것은 자신의 현실 — 자아와 자아 경험 — 을 연출할 수 있는 가능성이다. 자아의 인식은 더 이상 본질, 즉 자신의 욕망과 상태, 감정과 능력을 기준으로 삼지 않는다. 대신 인성과 성격을 연출하며 외부의 자아 정체성을 자기 것으로 삼는다. 특정한 약력, 성공한 사람, 자의식이 강한 사람, 자기 확신이 있는 사람, 공감할 줄 아는 사람, 합리적인 사람, 카리스마가 넘치는 사람 등의 역할을 껴입고 그 것을 최대한 완벽하게 표현하는 것이다.

이런 동일시는 그 사람과 주변 환경이 노력해야만 겨우 그 자신이 진정으로 누구인지, 어떤 모습이 진짜 그인지를 알아볼 수 있을 정도로 진행된다. 그래야 진짜 본질이 완전히 사라질 정도로 그가 그 역할을 '진짜로' 연기할 수 있기 때문이다.

그의 자아 경험은 자기 행동이 자신의 의지와 감정, 사고에서 나온다고 느끼는 최면에서 비롯된다. 그는 더 이상 경험에 직접 다가가지 못하므로 암시의 희생물이 되어버린다.

그런데도 그는 본질에 대한 질문을 고리타분하다며 거부할 것이다. 인간의 '본성'이나 '천성' 혹은 진짜 자기 존재 같은 것이 현실에는 없다고 생각하기 때문이다. 현실은 그저 연출된 것이다. 왜 진짜 삶을 찾아야 하는가?

자아 경험이 집단 암시의 결과인 경우 문제는 더 심각해진다. 이 경우 많은 사람들이 동일한 자아 경험을 하기 때문이다. 고유의 사고, 감정, 행위로 경험하는 것이 집단 암시의 결과물은 아닌가에 대해 의심해 볼 계기도 사라진다. 자신의 역할을 완벽하게 연기하면 모두가 완벽한 진짜 삶을 산다고 확신하기 때문이다.

연출된 자아의 삶이 순조로울 수 없는 이유는 모든 것을 묵묵히 감수하지 않는 — 다행스럽게도 많은 사람이 고통스럽게 경험하는 — 우리의 정신 덕분이다. 우리 모두는 자기 자신에 대한 뛰어난 지식을 갖고 있지만 이것을 무시하고, 억압하고 부인할 수 있는 것이다.

에리히 프롬은 이 더 뛰어난 지식을 다양한 개념으로 포착하려 노력하였다. 인간이 생각하고 느끼고 행동하는 것이 인간 고유의 정신적, 심리적, 신체적 능력을 이용하여 자발적으로 자신에게서 끌어내는 것이라는 사실을 밝히기 위해 그는 자발성과 자발적 활동, 혹은 생산적 지향에 대해 이야기했다. 또 모든 타인의 결정과 암시에 반대하여 삶은 '자발적인 것'이기에 그 '기원'을 (소유나 전유가 아닌) 자신의 '존재'에 두어야 함을 밝히고 있다. 아울러 삶이 '창조적' 성질을 띤다는 사실을 설명하기 위해 '원래의' 인간과 '창의적' 인간을 거론하였다. 인간의 삶과 정신적 성장의 이런 자율을 유념해야만 진짜 자아 경험과 진짜 삶이 가능하다. 인간은 자기 인간 됨의 주체이기 때문이다.

진짜 삶의 기본을 위반한 결과는 장애와 고통이다. 지루하고 무미건조하며 우울하고 공허하고 아무 의욕도 없다. 이런 자기 경험의 부정적 감정들을 추적해 보면 무력감이 모습을 드러낸다. 무력감은 자기 자신의 강인함으로 살아갈 능력이 없을수록 역력해진다.

하지만 이런 무력감 역시 연출된 현실의 경험 상품들을 통해 활력을 찾으면서 의식에서 추방할 수 있다. 그래서 연출된 삶이 허약함을 보이거나 집단 최면이 더 이상 통하지 않을 때에야 무력감이 터져 나오는 경우도 많다.

이는 무력감을 온전히 느끼게 만드는 심인성 질환으로 되돌아오기도 하고, 강박, 공포증, 중독, 신경증적 행동 방식을 불러오기도 한다. 이런 증상이 나타나면 참을 수 없는 무력 감 대신 그 대가로 신체적, 심리적 고통을 겪어야 한다.

그런 고통의 상태는 대부분 진짜 삶을 살지 못하고 자기 자신에 대한 더 뛰어난 지식에 더 이상 접근하지 못한다는 고통스러운 지적으로 나타난다. 진짜 삶은 억압되어 꿈에서 나 겨우 명확한 언어로 이야기할 뿐이다. 하지만 진짜 삶을 다시 배울 수 있다. 원래의 힘을 생각해 내고 그것에 여지를 주고 그것을 실천한다면 말이다.

이 책에 실린 에리히 프롬의 글들은 진짜 삶에의 도전을 옹호하는 변론이다.

1장에서 프롬은 현대의 문제를 19세기의 문제와 대비시 키면서 현대인의 사이코그램을 그린다. 인간에게 비자발적 인 것이 존재해야 진짜 삶과 소외된 삶을 구분할 수 있다. 역 사를 거치는 동안 많은 우연과 가변적 요소에 시달렸겠지만 인간의 삶이 끈기 있게 자율성을 보일 경우에만 의미 있게, 비판적으로 진짜 삶을 이야기할 수 있다. 그리고 바로 이것 이 인간의 '본성' 혹은 '천성'에 대한 질문을 정당화한다. 철 학의 역사를 더듬는 프롬의 발걸음과 이 질문에 대한 그 나름의 답변은 그가 자연주의적 오판에 패배하였다는 지금까지의 주장이 틀렸다는 사실을 입증한다. 3장은 자유에 대한 다양한 이해를 바탕으로 인간의 본성에 대한 질문을 심화한다. 개인의 자아가 발전해야 비로소 혼동이 없는, 고유의 것으로서의 진짜가 가능하기 때문이다.

오늘날에는 대부분의 사람들이 자발성을 통제되지 않은 충동으로밖에 생각하지 않지만 자발성과 자발적 활동은 자유와 자기 존재의 특징이다. 이것과 자발적 사랑 및 노동에 대해서는 4장에서 거론한다. 이어 프롬은 교육으로 인해 얼마나 자발적 감정이 망가지는지, 어떻게 감상과 가짜 감정이 확고한 자리를 잡게 되는지도 보여준다. 또한 가짜 사고와 가짜 의지가 어떻게 생겨나는지도 설명한다. 5장에서는 자신의 인격을 시장에 내다 팔아야 한다는 강박감으로 인해 자아가 어떻게 상실되는지 설명한다. 이런 자아 상실의 역학을 최면 실험을 이용해 설명하고 우리가 어떻게 우리의 가짜 생각을 진짜 생각이라고 합리화하는지도 설명한다.

6장은 온전히 진짜 삶을 살지 못하는 무능력의 결과인 무력감에 할당한다. 1937년(!)에 쓴 이 글에서 프롬은 경험 많은 정신분석학자의 능력을 활용하여 우선 무력감이 어떻게 합리화되는지를 밝히고 이어 무력감을 억압할 경우 자주 나타나는 반응에 대해 이야기한다. 분주함과 물불을 가리지 않는 통제의 욕망, 무력한 분노가 바로 그 반응이다. 특히 우리는 무력한 분노를 대부분 타인에게 투영시키면서 자신을 위협하는 것이 자신의 무력한 분노가 아니라 주변 환경이라고 느끼게 된다.

프롬은 6장의 마지막에서 무력감의 탄생을 발달심리학적으로 조명한다. 즉, 아이가 진지한 대우를 받지 못한다는 사실과 ─ 적어도 권위적 조직에서는 ─ 아이의 의지를 꺾으려는 노력이 있다는 사실을 거론한다.

마지막 7장에서는 진짜 삶을 되찾을 수 있는 방법을 다룬다. 진정으로 보기 시작하고, 다시 감탄할 수 있으며, 자기 자신을 경험하고, 갈등의 능력을 갖추는 것이 해법이다. 어디서부터 시작하건 중요한 것은 자력을 통해 자신과 현실을 인식하고 그에 응답하는 것이다.

비록 30년 이상의 시차를 두고 탄생하였지만 여기 실린 글들은 일관성은 물론이고 여전히 놀라운 현실성을 뽐내고 있다. 심리적 역학에서의 사회적 발전을 일찍부터 알아보았던 프롬의 업적을 여실히 확인할 수 있다.

인간은 타인과 같아지고 싶어 한다

01

선생님. 남들처럼 살고 싶습니다.

우리는 이 질병을 권태, 삶이 무의미하다는 느낌,
풍요롭지만 아무 기쁨도 없는 삶이 모래처럼 손가락 사이로 빠져나간다는 느낌,
어디로 가야 할지 몰라 당황스럽고 어찌할 바를 모른다는 느낌이라 부른다.

현재의 지적 분위기는 윤리학의 상대주의가 주도한다. 가치가 타당성을 얻으려면 사회의 특정 문화가 그것을 용인해야한다는 것이 일반적인 견해다. 헤드헌터의 규범은 헤드헌터들 사이에서 제 목적을 다하며, 이웃 사랑의 법칙은 그 규범을 용인하는 문화에서 제 목적을 다한다.

대부분의 사회학자들은 가치와 규범이 보편적, 객관적, 일반적 타당성을 갖지 않는다고 생각한다. 지금 내가 여기서 현대인의 윤리 문제를 거론한다면 나도 그 입장에 동의한다는 인상을 줄 수도 있을 것이다. 하지만 결코 그렇지 않다. 내 입장은 정반대다.

나는 수천 년 전 인류의 모든 위대한 정신적 지도자들이 서로 만난 적은 없지만 대체로 동의하였던 삶의 기본 규범과 가치가 존재한다고 확신한다. 이런 가치는 모든 인간에게 타당하며, 인간의 본성 자체와 인간 실존의 조건에서 정당성의 근거를 찾는다.

이는 당연히 인간과 같은 것이 존재한다는 가정을 전제로 한다. 우리 모두가 확신하는 생리학적, 해부학적 의미뿐 아니라 정신적, 심리학적 의미의 인간 말이다. 그렇게 되면 우리는 인간의 본성과 본질을 정의할 수 있고 입증할 수 있는 것으로 취급할 수 있을 것이다. 이 또한 오늘날의 사회학자 대부분이 외면할까 우려되는 또 하나의 가정이다.

안타깝게도 나는 이 자리에서 '인간의 본성'이 무엇인지 상세히 설명할 수 없다. 하지만 적절한 사례가 없는 주장은 무의미하기에 이와 관련된 몇 가지 관찰 결과를 소개하도록 하겠다.

인간은 자연의 변덕이다. 유일하게 자기 자신을 자각하는 생명체이다. 인간은 자연에 살면서 동시에 자연을 초월하는 유일한 존재이다. 자기 자신과 자신의 과거, 자신의 미래를 자각한다.

인간은 동물처럼 본능적으로만 살지 않는다. 자연에서 거의 뿌리가 뽑힌 존재로, 태어나는 순간부터 삶이 던지는 질문에 대답해야 하는 문제를 떠안는다. 어떻게 살 것인가? 어디로 가야 할까? 어떤 의미를 삶에 부여할까?

내가 아는 한 이것들은 다 한 가지 질문이며 그 질문에 대한 대답도 소수에 불과하다. 이런 소수의 대답들이 인류 역사를 거치며 다른 시대, 다른 장소에서 되풀이되어 왔고 때로는 이런 형태, 때로는 저런 형태로 개념화되었던 것이다. 항상 동일한 형태를 유지했던 대답은 극소수에 불과하다. 사실 따지고 보면 종교와 철학의 역사는 이런 몇 안 되는 대답들의 역사나 시스템이라 말할 수 있다. 하지만 어쨌든 우리 모두는 대답을 해야 하고, 우리가 어떤 삶을 살 것인가는 우리가 내놓는 대답에 좌우된다.

한 가지 사례를 들어 내가 하려는 말을 설명해 보겠다. 인간은 주변 사람들 및 자연과 관계를 맺어야 한다. 관계를 맺지 않는 사람은 미친 사람이다. 광기를 바로 그렇게 정의할 수 있다. 광기란 전혀 관계가 없는 사람의 상태이다.

하지만 타인과의 관계는 매우 다양한 모습을 띨 수 있다. 전형적인 형태가 복종이나 권력 행사 혹은 마케팅 지향일 것이다. 마케팅 지향 관계는 시장에서 소비재를 교환하듯 지속적인 교환으로 이루어진다. 사랑하는 방식으로 타인과 관계를 맺을 수도 있다. 이 방식은 인간의 본성을 고려할 때 유일하게 만족을 주는 방식이다. 사랑이란 그 사랑에 관여한 사람들의 온전함과 현실을 둘 다 보존하는 유일한 형태의 관계이기 때문이다. 타인에게 복종하거나 그에게 권력을 휘두르면서도 '사랑'을 할 수는 있다. 하지만 그럴 경우 사람은—상대에게 복종하는 사람이건 상대를 지배하는 사람이건—자신의 온전함과 독립이라는 인간의 기본 특성을 상실한다. 진정한 사랑에서는 타인과의 연관성과 자신의 온전함이 보존된다.

앞의 설명을 통해 우리는 윤리가 모든 인간에게 항상 동일하다는 사실을 알 수 있다. 진정한 윤리는 특정 국가나 특정 연령에만 해당되는 것이 아니다. 다만 각자가 살아가는 서로 다르고 특수한 상황이 있고, 그로 인해 동일한 윤리 문제의 다양한 측면들이 생겨난다. 내가 여기서 다루고 싶은 것도 바로 그것이다.

오늘날 대부분의 사람들은 제2차 세계대전 중에 프랑스인들이 저질렀던 실수를 되풀이한다. 프랑스인들은 제1차

세계대전에 사용했던 전략과 전술로 전쟁을 할 수 있을 것이라 믿었다. 대부분의 사람들은 지난 세대 혹은 지난 세기의 윤리 문제를 되돌아보고 과거의 악덕과 죄를 바라보며 우리가 이 악덕과 죄를 뛰어넘어서 기쁘다고 단언한다. 그와 동시에 우리 자신의 윤리 문제도 대부분 해결되었다고 결론 내린다. 그러나 실제로 우리는 지금도 과거와 모습만 다를 뿐 무게는 조금도 가벼워지지 않은 윤리 문제에 봉착해 있다.

19세기의 악덕은 무엇이었을까? 첫째가 권위주의, 즉 맹목적 복종의 요구이다. 특히 아이들, 여성, 노동자들에게 권위의 명령에 고민하거나 질문을 제기하지 말고 맹목적으로 복종하라고 요구하였다. 불복종은 그 자체가 죄였다.

두 번째 악덕은 착취, 정확히 말해 야만적인 착취다. 우리는 19세기 직전까지도 상류층의 신사 숙녀들이 노예무역으로 돈을 벌고 콩고의 흑인들을 거리낌 없이 착취하였으며, 아무런 수치심도 없이 어린아이들을 공장에서 부려먹었다는 사실을 알면 깜짝 놀란다. 이러한 19세기의 윤리 문제와 악덕은 거의 잊고 살았기에 되돌아보면 그저 놀라울 뿐이다.

19세기의 세 번째 악덕은 성과 인종차별이다. 모두들 이런 불평등에 확실한 근거가 있고 신의 말씀에 어긋나지 않는다고 굳게 믿었기에 신의 말씀과 인간 차별 사이에 존재하는 확연한 모순에 전혀 관심을 두지 않았다.

19세기의 네 번째 악덕은 탐욕과 축재다. 중산층에게는 저축이 최고의 덕목이었다. 아끼고 절약하여 돈을 모으고 절대 쓰지 않으면 부자가 되었다. 오늘날에는 그런 것들이 더 이상 덕목으로 꼽히지 않지만 19세기에는 덕목이었다.

19세기의 마지막 악덕은 자기중심적 이기주의이다. 전형적인 사례가 "네 이웃을 네 몸과 같이 사랑하라."는 계명과 관련한 프로이트의 말이다.

"왜 내 이웃을 내 몸처럼 사랑해야 하는가? 그게 우리에게 무슨 이익이 되는가? 어떻게 그 요구를 달성할 것인가? … 내 가족은 모두 내 사랑을 자기들을 좋아한다는 증거로 알고 소중히 여기는데, 내가 알지도 못하는 사람들을 내 가족과 동등하게 대한다면 그것은 내 가족에게 부당한 처사이다."

프로이트는 당시 수많은 사람들이 명확히 표현할 수는 없어도 절감하던 사실을 용감하게 발설하였다. "나의 집은 나의 성이다. 나는 나다. 낯선 이여! 조심해라!"

어쩌면 19세기에는 이것 말고도 더 많은 악덕이 있었을지 모른다. 하지만 악덕의 종류를 열거하는 것은 여기서 멈

추고 이제는 이 악덕들이 그사이 어떻게 변했는지 살펴보기로 하자.

19세기와 같은 방식의 권위주의는 더 이상 존재하지 않는다. 미국과 몇몇 다른 지역에서는 19세기의 권위가 거의 사라진 것처럼 보인다. 오히려 거꾸로 부모가 아이들을 무서워하기도 한다. 요즘에는 다들 가장 최신의 것이 가장 좋은 것이라고 생각하기 때문이다. 아이들은 부모보다 최근에 태어난 사람이고, 부모보다 최신 제품들에 대해 더 많이 알고 있으니 이제는 부모가 아이들에게 배워야 하는 것이다.

현대의 윤리 문제로서의 권위를 거론하기에 앞서 우선 권위라는 개념에 대해 몇 가지 이론적 설명을 곁들여야겠다. 일단 합리적 권위와 비합리적 권위를 구분할 필요가 있다. 비합리적 권위는 항상 공포와 감정적 복종에 바탕을 둔 압력 행사를 동반한다. 전제 국가에서 가장 명백하게 나타나는 맹목적 복종의 권위이다. 이에 반하는 합리적 권위도 있다. 합리적 권위는 능력과 지식에 근거하며 비판을 허용하고, 그 본질상 감소하는 경향이 있으며, 복종과 마조히즘 같은 감정적 요인보다는 직업 능력처럼 한 인간의 능력에 대한 현실적 인정에 바탕을 둔 모든 종류의 권위를 말한다.

능력 있는 의사를 찾아갈 경우에 나는 그의 합리적 권위를 인정한다. 그가 자기 분야에 대해 많은 것을 알기 때문에 내가 그의 처방에 따라야 한다고 확신한다. 이는 전혀 다른 동기에서 시작되고 전혀 다른 기능과 결과를 낳는 비합리적 권위와는 전혀 다른 종류의 권위이다.

또 한 가지, 공개적으로 행사하는 권위와 익명의 권위를 구분할 필요가 있다. 둘의 차이는 매우 중요하기 때문에 절대 간과해서는 안 된다.

공개적 권위란 예를 들어 아버지가 조니에게 이렇게 말하는 것이다. "그렇게 하지 마라. 하면 무슨 일이 일어날지 너도 알잖니." 익명의 권위는 엄마가 조니에게 이렇게 말하는 것이다. "엄마는 네가 그걸 하고 싶지 않을 거라고 확신한단다." 조니는 엄마의 목소리 톤에서 엄마가 무엇을 원하고 원치 않는지를 알아차린다. 조니는 엄마의 슬픔, 절망, 공포 등을 이미 여러 차례 경험했다. 그 때문에 엄마가 암묵적으로 그에게 암시한 말을 따르지 않을 경우 흠씬 두들겨 맞는 것보다 더 나쁜 결과가 닥칠 것이라는 사실을 안다.

첫 번째의 권위는 공개적이고 솔직하다. 두 번째의 권위는 익명이다. 관용과 양보의 외양을 띠고 있지만 게임의 규칙을 아는 사람이라면 누구나 상대가 무엇을 기대하는지 잘 안다. 우리는 무조건 공개적 권위를 택해야 한다. 그래야 권위의 요구에 저항할 수 있기 때문이다.

19세기에도 많은 사람들이 그렇게 저항했다. 공개적 권위는 대결을 통해 자신의 인격을 발전시킬 기회를 제공한다. 하지만 익명의 권위는 난공불락의 철벽이며 배후에서 작용하기에 누가 무엇을 원하는지 알지 못하게 만든다. 게임 규칙은 드러나 있지 않아서 감으로 느끼지만 확신할 근거는 없다. 19세기와 현대는 바로 이런 두 가지 종류의 권위에서 차이를 보인다.

그렇다면 오늘날의 익명의 권위는 어떤 모습일까? 익명의 권위는 시장이요, 여론이며, 건강한 인간 이성이다. 남들과 다르지 않고 싶다는 소망, 무리에서 벗어나다가는 들킬지 모른다는 두려움이다. 모두가 자신의 자유의지로 행동한다는 착각 속에서 산다. 하지만 실제로 현대인은 자기 자신에 대해 가장 많이 착각한다.

우리는 착취를 대하는 우리의 태도가 아주 많이 변했다는 사실에 자부심을 느껴 마땅하다. 서구 민주주의 사회에서 19세기에 존재하던 의미의 착취가 실제로 끝났다는 데에 이의를 제기할 사람은 없다.

서구 민주주의 사회에서뿐 아니라, 불과 100년 전만 해도 야만적인 착취의 대상이던 식민지 주민들과 관련해서도 착취는 끝이 났다. 자신의 이익을 위한 물질적 형태의 착취는 아직 완전히 사라지지는 않았지만 급격한 감소 추세로 미루어 볼 때 다음 세대에는 완전히 사라질 것으로 보인다.

하지만 전혀 다른 일이 일어났다. 오늘날에는 모두가 자기 자신을 착취한다. 모두가 자기 밖의 목적을 위해 자신을 이용한다. 사물의 생산이라는 한 가지 전능한 목표만이 존재한다. 우리가 입으로 고백하는 목표, 즉 인격의 완벽한 발달, 인간의 완벽한 탄생과 완벽한 성장은 더 이상 중요하지 않은 것이다.

결국 수단을 목적으로 변화시키는 것, 사물의 생산만이 중요한 이런 과정에서 우리는 우리 자신을 사물로 변화시킨다. 우리는 인간처럼 행동하는 기계를 생산하고, 점점 더 기계처럼 행동하는 인간을 제작한다. 19세기에 노예가 될 위험이 있었다면 오늘날에는 로봇이나 자동인형이 될 위험이 있다.

물론 분명 시간은 절약된다. 하지만 시간을 절약해 놓고는 막상 그 절약한 시간으로 무엇을 해야 할지 몰라 당혹스러워

한다. 기껏해야 시간을 죽이려고 노력할 뿐이다. 일주일에 3일만 일을 한다면 무슨 일이 일어날까? 시간이 너무 많아서 뭘 해야 할지 모르기 때문에 일어나는 영혼의 붕괴를 수용할 만한 병원은 아직 충분치 않다.

우리는 사물을, 우리 자신의 손으로 만든 결과물을 숭배하고 그 앞에 무릎을 꿇는다. 학교에서, 어린이 미사 시간에, 교회에서 우상을 이야기하면 우리는 아마도 마귀나 가나안족의 우상을 떠올리며 자신을 선한 크리스천, 유대인, 이슬람교도, 어쨌든 오래전에 우상숭배를 극복한 사람으로 느낄 것이다. 하지만 바뀐 것은 대상뿐이다. 우리의 사물 숭배, 우리 손으로 만든 결과물에 대한 숭배는 선지자들이 말했던 것과 똑같은 우상숭배이다. 우리의 신들은 선지자들이 말한 우상과 똑같이 눈이 있어도 볼 수 없고 손이 있어도 아무것도 만질 수 없다.

하지만 인간은 사물이 아니다. 스스로 사물이 된다면 자각하건 못 하건 병이 들고 말 것이다. 프랑스인들은 18세기부터 이 병에 대해 아주 많이 알고 있었다. 그래서인지 이 병은 프랑스어 이름만을 가지고 있다. 프랑스어 이름 — ennui, malaise, la maladie du siècle(세기의 질병) — 은 이미 19세기에 만들어진 것이다.

우리는 이 질병을 권태, 삶이 무의미하다는 느낌, 풍요롭지만 아무 기쁨도 없는 삶이 모래처럼 손가락 사이로 빠져나간다는 느낌, 어디로 가야 할지 몰라 당황스럽고 어찌할 바를 모른다는 느낌이라 부른다. 프랑스인들은 그것에 이름을 지어주었지만 우리는 그러지 못했다. 우리가 그 이름을 갖게 된 것은 불과 얼마 전이다. 우리는 이 질병을 '신경증'이라 부른다.

의사를 찾아가서 "선생님, 인생이 무의미합니다. 너무 따분해서 견딜 수가 없어요."라고 말하는 사람은 소수에 불과하다. 오늘날 그런 말과 그런 생각은 권장 사항이 아니다. 사실 모든 문화는 질병에 대한 자신만의 이데올로기를 갖는다. 새뮤얼 버틀러는 풍자 미래 소설《에레혼Erehwon》에서 그것을 멋지게 표현하였다. 그곳에서는 감기가 걸리면 우울하다고 말한다. 그러나 우리의 경우 우울하면 감기에 걸렸다고 말해야 한다.

무엇을 질병으로 불러도 되는지를 주입당했기 때문에 대부분의 사람들은 따분해서 죽겠다고, 삶이 무의미해서 죽겠다고 말하지 않는다. 대신 불면에 시달린다고, 아내와 남편과 자녀를 사랑할 수 없어 괴롭다고, 술을 마시고 싶어 미치겠다고, 직장이 불만스럽다고 말한다. 전체적으로 허용되고 사회적으로 용인되는 질병의 표현 형태로 가능한 온갖 것들을 들먹인다.

그럼에도 불면과 음주와 직장에 대한 불만 토로는 세기의 질병의 다양한 측면에 불과할 뿐이다. 세기의 질병, 즉 인생의 무의미함은 인간이 사물로 변한 데 그 원인이 있다.

이제 불평등이라는 세 번째 악덕과 그 역사를 살펴보기로 하자. 몇 세대만 지나면 미국의 인종차별은 완전히 철폐될 것이다. 성차별 역시 철폐될 것이다. 물론 새로운 차별이 등장하겠지만.

10년 전에 남편이 아내에게 당연히 요구하던 것들을 지금은 어떤 남편도 아내에게 요구할 수 없다. 오늘날의 공장에 10년 전만 해도 당연했던 말투와 대우로 노동자들을 대하는 공장장은 없다. 이런 의미의 차별은 실제로 폐지되었고, 그런 점에 있어서는 우리가 달성한 동등권에 자부심을 느낄 수 있다.

하지만 평등은 이런 종류의 동등권만을 의미하는 것이 아니다. 평등의 개념은 계몽주의 철학에서 절대주의 국가에 저항하며 발전하였다. 이마누엘 칸트의 말대로 모든 인간은 타인의 목적을 위한 수단이 되어서는 안 되는 한에서 서로 평등하다는 의미이다. 모든 인간은 자기 목적이지 결코 수단이 아니며, 그 어떤 인간도 타인을 자기 목적을 위한 수단으로 만들 수 있는 권리가 없다는 의미이다. 이것이 계몽주의 철학과 인문주의에서 말하는 평등의 의미이다.

그런데 오늘날에는 평등을 동일하다는 의미로 이해한다. 같다는 것이 서로 구분되지 않는다는 의미로 쓰이는 것이다. 거기서 한 걸음 더 나아가 동등한 권리를 원한다면 타인들과 동일해야 하며 그렇지 않으면 동등한 권리를 갖지 못하는 것이라는 논리를 펼친다. 그래서 많은 사람들이 강요가 없는데도 자발적으로 타인과 같아진다.

비획일주의자들에게 넓은 여지를 허용하는 것이 미국의 큰 특징 중 하나이다. 비획일주의자들에게 일부러 높은 자리를 마련해주지는 않더라도 풍부한 활동의 여지는 주어진다. 이들이 감옥에 갈 위험도, 굶어죽을 위험도 없다. 그럼에도 타인과 같아지려는 경향은 사회적 상황으로 설명할 수 있는 수준을 넘어선다.

인간은 자신을, 자신의 확신, 자신의 감정을 더 이상 자기 고유의 것으로 경험하지 않는다. 타인들과 구분되지 않을 때 자신과 일치한다고 느낀다. 타인들과 순응하지 못하면 끔찍한 고독이 닥칠 것이며 집단에서 추방될 위험에 처할 것이라 느낀다.

네 번째 악덕을 우리는 탐욕이라 불렀다. 우리 할아버지들에게 대단한 덕목이었던 축재와 절약을 고스란히 가져다가 오늘날 강제로 실행한다면 경제가 무너지고 말 것이다. 지금은 나중에 지출할 수 있게 아끼고 모으는 것이 중요한 세상이 아니다.

얼마 전 《뉴요커》에 이런 캐리커처가 실렸다. 어떤 사람이 새 차를 살펴보면서 온갖 트집을 잡으며 마음에 안 든다고 투덜거린다. 친구가 그에게 이렇게 말한다. "마음에 안 들어 하는 것은 네 권리야. 하지만 이 차가 미국인 전체의 마음에 안 든다면 우리 경제가 어떻게 되겠어?" 오늘날의 인간은 돈을 지출하고 소비를 하고 구매를 하고 사용해야 한다. 소비는 10년 전의 절약 및 축재와 똑같은 덕목으로 자리 잡았다.

우리는 영원한 소비자이다. 우리는 담배, 술, 강연, 책, 영화, 인간을 소비한다. 우리는 아이가 부모에게서 필요로 하는 사랑도 아이에게 필요한 신제품처럼 이야기한다. 우리는 엄청난 풍요 속에서 살아가는 수동적 소비자이며, 젖병과 사과를 기다리는 영원한 신생아이다.

우리는 소비하고 고대하지만 우리가 생산적이지 않기 때문에 계속 실망한다. 우리는 사물을 생산하지만 타인과의 관계에서 — 사물과의 관계에서조차 — 극도로 비생산적이다.

19세기의 다섯 번째 악덕은 "내 집이 내 성이다."라는 태도였다. 몇 년 전《포춘》에 시카고 근처의 한 주택단지에 관한 기사가 실렸다. 새 아파트에 사는 여성은 인터뷰에서 이렇게 말했다. "벽이 얇아서 좋아요. 남편이 집에 없을 때는 다른 집에서 무슨 일이 일어나는지 들을 수 있어서 혼자라는 느낌이 안 들거든요."

이제 문제는 '내 집은 내 성'이라는 태도가 아니라 사생활을 누릴 수 없는 무능력이다. 반드시 타인과 함께해야 한다는 강박이다. 이것을 우리는 '소속감', '팀워크' 같은 이름으로 부르지만 실상은 자신과 혼자 있을 수 없는 무능력, 자신이나 이웃의 은둔을 참지 못하는 무능력일 뿐이다. 그러니까 오늘날 우리는 19세기의 중산층이나 상류층이 개인주의, 자기중심주의라 부르던 행동과 정반대의 행동을 하는 것이다.

요약해 보자. 세상은 변했다. 19세기의 모든 악덕은 사라지면서 현재의 악덕에게 자리를 내주었다. 무엇이 더 나쁜지 비교해 보는 질문은 필요치 않다. 우리는 월계관에 취해 손을 놓을 것이 아니라 우리의 윤리 문제를 인식하며 전투를 다시 시작하여 반드시 승부를 가려야 할 것이다. 시선을 19세기의 윤리 문제로 돌리게 되면 현재 우리의 문제를 소홀히 할 것이고 그릇된 길로 가게 될 것이다. 오늘날 우리가 해결해야 할 윤리 문제도 100년 전의 문제 못지않게 심각하다.

인간의 본질은 대답이 아니라
질문이다

02

선생님. 제가 문제일까요.

인간은 자연의 일부이지만 동시에 자연을 초월하기에 '자연의 변덕'이다.
이런 모순은 갈등과 두려움을, 더 나은 균형을 찾기 위해서
반드시 넘어야 할 불균형을 불러온다.

고대 그리스부터 중세, 칸트까지 대부분의 사상가들은 '인간의 본성', 철학적으로 말해 인간의 '본질'을 구성하는 것이 당연히 존재한다고 생각했다. 무엇이 이 본질에 포함되느냐를 두고는 의견이 분분했지만 '본질', 인간을 인간으로 만드는 것이 존재한다는 것에는 다들 같은 생각이었다.

100년 전, 그보다 더 이전부터 기존의 시각에 대한 의문이 시작되었다. 인간의 역사를 보다 심도 있게 탐구한 결과였다. 인류의 진화론적 입장에서 우리 시대의 인간은 과거의 인간과 너무 달랐다. 모든 역사 시대를 관통하는 '인간의 본성'이 존재한다는 가정이 현실성을 잃은 것이다.

우리 세기의 역사 연구는 문화인류학 연구를 통해 깊이를 더했다. 소위 원시 부족 연구를 통해 다채로운 풍속, 가치, 정서, 생각이 밝혀졌기에 많은 인류학자들이 인간은 백지로 태어나고 각 문화가 그 백지 위에 각자의 글자를 쓴다고 생각하기에 이르렀다.

역사 및 문화인류학 연구 결과와 더불어 진화론의 영향도 빼놓을 수 없다. 진화론 역시 보편적 '인간 본질'에 대한 믿음을 뒤흔들었다. 장 바티스트 라마르크와 찰스 다윈을 대표 주자로 한 생물학자들 역시 모든 생명체가 진화의 변화를 겪는다는 사실을 입증하였다.

마지막으로 현대 물리학이 물리학의 세계 역시 진화와 변화를 벗어나지 못한다는 사실을 보여주었다. 세계 전체가 ― 앨프리드 노스 화이트헤드의 표현대로 ― '과정'의 상태에 있는 움직이는 전체라고 말할 때 이 말은 단순한 비유가 아닌 것이다.

확정된 인간 본성, 인간 본질의 존재를 부인하는 데 일조한 한 가지 요인이 더 있다. 인간 본질이라는 개념이 자주 악용되었고 최악의 부정을 행하는 핑계로도 이용되었던 것이다. 인간 본질의 개념을 언급할 때면 그것의 도덕적 가치를 심각하게 의심하는, 심지어 그 개념을 무의미하다고 생각하는 경향이 발생했다.

플라톤, 아리스토텔레스는 물론, 18세기의 철학자들까지 인간의 본질을 들먹이면서 노예제도를 변호했다. (인간의 평등을 확신한 그리스 스토아학파와 로테르담의 에라스뮈스, 토마스 모루스, 후안 루이스 비베스 같은 르네상스 인문주의자들은 예외였다.) 국수주의와 인종주의 역시 '인간 본성'을 들먹이면서 탄생했다. 국가 사회주의는 특정 민족의 본질이 우월하다는 주장으로 600만 명 이상의 목숨을 앗았다. 특정한 추상적 인간 본성의 개념을 들먹이며 백인은 유색인에게, 권력 있는 자는 권력 없는 자에게, 강자는 약자에게 우월감을 느낀다. 지금까지도 '인간 본성'의 개념은 국가와 사회의 목적에 자주 이용당하고 있다.

인간 본성은 없다는 결론을 내려야 할까? 그런 결론은 명백하게 확정된 본성의 개념만큼이나 많은 위험을 내포한다. 모든 인간에게 공통되는 본질이 없다면 인간의 단일성도, 모든 인간에게 타당한 가치와 규범도 존재하지 않을 것이며, 인간을 인식 대상으로 삼는 심리학이나 인류학 같은 학문도 존재할 수 없을 것이다. 그렇게 되면 모두 탐탁지 않고 위험한 두 입장 사이에 끼여 이러지도 저러지도 못하는 신세가 되지 않을까? 딱 정해진 인간의 본성만을 인정하는 보수적 입장과 인간의 공통점은 해부학적, 생리학적 속성밖에 없다는 결론의 상대주의적 입장, 이 둘 사이에서 말이다.

이런 상황에서 어쩌면 인간의 본질과, 모든 인간에게 공통되는 특정한 속성을 구분하는 것이 도움이 되지 않을까? 우리는 그 속성을 '본질적 속성', 즉 인간 그 자체의 일부이지만 인간의 '본질'과는 구분되는 속성이라고 부를 수 있다. 이는 모든 속성과 그 이상을 포괄할 수 있으며 어쩌면 그 다양한 속성들을 만들어내는 것이라고 정의할 수 있다. 이는 인간의 '본질'과는 구분되는 속성이다.

그 대표적인 속성이 그리스 철학자들, 중세 사상가들, 18세기 철학자들, 특히 칸트에게서 발견되는데, 바로 인간이 이성을 갖춘 존재(이성적 동물animal rationale)라는 정의이다. 모두들 이 정의는 근거를 물을 수 없는 당연한 것이라고 생각했다. 적어도 인간의 깊은 곳에 자리한 비합리성을 발견하기 전까지는 그랬다.

물론 그전에도 플라톤과 그리스 극작가들, 단테, 셰익스피어, 도스토옙스키 등이 이미 인간의 비합리성을 인식하였지만 이를 자신의 경험적, 과학적 연구의 중심에 세운 사람은 프로이트였다. 인간은 이성을 갖춘 존재일지도 모른다. 하지만 비합리성이 얼마만큼의 무게를 갖는지, 그 원인이 어디에 있는지의 의문이 남는다.

인간을 정의하는 또 한 가지 중요한 표현이 조온폴리티콘이다. 인간은 사회적 동물, 더 정확히는 그 실존이 불가피하게 사회조직과 결합되어 있는 존재라는 것이다. 인간이 사회적 존재라는 정의는 거의 반박할 수 없지만 이 정의는 상당히 일반적이어서 인간이 ─ 어떤 표현을 쓰건 ─ 개별 존재라기보다는 무리 동물이라는 사실 말고는 인간의 본성에 대해 별로 말해주는 것이 없다.

또 하나의 정의는 인간을 호모파베르, 즉 도구를 만드는 생명체로 규정한다. 이 정의 역시 올바르고 인간을 동물과 구분하는 중요한 특성을 지적하지만 매우 일반적이기 때문에 추가 정의들을 필요로 한다. 벌들이 꿀을 저장하기 위해 만드는 벌집을 봐서는 동물도 도구를 만들기 때문이다. 하지만 ─ 카를 마르크스가 설명했듯 ─ '애니멀 파베르'와 '호모 파베르' 사이에는 큰 차이가 있다. 동물은 본능적 행동 모델에 따라 도구를 생산하지만 인간은 미리 세운 계획에 따라

도구를 만든다.

생산에 있어 동물과 인간의 차이는 한 가지가 더 있다. 인간은 생산력을 더 높이기 위해 이성을 활용해서 자신의 팔다리를 확장하는 도구를 제작한다. 진화를 통해 인간은 도구만 제작한 것이 아니라 에너지(증기, 전기, 석유, 핵)를 제어하여 과거 생산에 투입하던 가축과 인간의 힘을 대체한다. 최근에는 — 이는 2차 산업혁명의 특징이다 — 물리적 에너지를 대체하는 데 그치지 않고 (자동화와 인공두뇌로) 사고 기능까지 담당하는 기계를 제작한다.

마지막으로 에른스트 카시러와 상징을 연구하는 철학자들이 내린 중요한 인간 정의가 있다. 인간은 상징을 창조하는 존재이며, 인간이 창조한 가장 중요한 상징은 언어이다. 말을 이용하여 인간은 다른 인간들과 자기 생각을 교환할 수 있고, 그를 통해 사고 및 노동 과정의 어려움을 현저히 줄인다.

이런 인간의 속성들 — 이성, 생산력, 사회조직 구축, 상징 창조 능력 — 은 핵심적이지만, 이들이 인간 본성 전체는 아니다. 일반적인 인간의 잠재력일 뿐, 우리가 '인간의 본성'이라 부르는 것의 온전한 개념은 아니다. 이 모든 속성들을 다 갖추었다 해도 그 사람은 자유롭거나 자유롭지 않을 수 있고, 선하거나 악할 수 있으며 탐욕이나 이상에 좌우될 수 있다. 자연을 지배하기 위한 법을 제정하거나 그렇지 않을 수도 있다. 또 앞에서 언급한 속성 이외에도 모든 인간에게 공통되는 본성이 더 있을 수도 있고 아닐 수도 있다. 모든 인간에게 공통되는 가치가 있을 수도 있고 없을 수도 있다.

결국 우리는 늘 다시금 처음의 문제로 되돌아간다. 모종의 일반적인 속성들 이외에도 '인간의 본성' 혹은 '인간의 본질'이라 부를 수 있는 것이 과연 존재하는가? 상대적으로 새로운 한 이론이 이 문제의 해결을 수월하게 하는 동시에 다시 어렵게 만드는 듯하다. 키르케고르, 카를 마르크스에서 윌리엄 제임스, 앙리 베르그송, 테야르 드샤르댕에 이르기까지 일련의 철학자들은 인간이 자기 자신을 생산한다는 사실, 인간이 자기 역사의 장본인이라는 사실을 인식했다.

옛사람들은 우리의 삶은 창조에서 우주의 종말까지 닿아 있으며, 인간은 삶의 어느 순간에 구원을 얻거나 벌을 받기 위해 그 세계에 끌려 들어갔다고 믿었다. 하지만 우리 시대의 철학과 심리학에서는 시간이 중요한 역할을 한다.

마르크스는 역사를 부단히 흐르는 과정으로 파악했고, 그 과정에서 인간은 개인이자 인간 종種으로의 자신을 창조한다고 보았다. 제임스는 정신의 생명은 '의식의 흐름'이라고 주장했다. 베르그송은 영혼의 가장 깊은 밑바닥에서 생명이란 '지속'하는 것이라고 정의했다. 다시 말해 개인적이고 비가역적으로 산 시간이라고 생각했다. 실존주의자들은 우리의 본질은 없으며 우리는 일차적 실존이라고 말했다. 우리는 살아가면서 우리가 만들어가는 것이라는 의미이다.

하지만 인간이 역사적이고 시간에 묶여 있다면, 또한 시간과 더불어 시간 안에서 변하고 수정되는 만큼 스스로를 설계하고 만들어간다면 '인간의 본성'과 '인간의 본질'은 거론할 수 없다. 이 경우 인간은 더 이상 이성을 갖춘 존재가 아니다. 사회적이지 않고 사회적이 될 것이며, 종교적이지 않고 종교적이 될 것이다. 그렇게 되면 인간의 본성은 어떻게 될까? 그래도 인간의 본성을 거론할 수 있을까?

이 질문에 나는 하나의 대답을 하고 싶다. 내가 보기에는 인간의 본성을 묻는 질문에 대한 대답 중에서 가장 현실에 맞는 대답인 것 같다. 이 대답은 또 두 입장이 극단적으로 갈리기 때문에 발생하는 어려움을 해결하는 데에도 적합하다. 확정된 불변의 인간 본성이 있다는 입장과 모든 인간에게 공통된 것은 존재하지 않는다는 입장은 몇 가지 본질적인 속성을 간과하고 있기 때문이다.

나는 내 대답을 상수와 변수라는 수학의 개념을 이용해 설명할 것이다. 인류가 존재한 이후 인간에게는 변치 않고 동일하게 남는 것, 즉 본성이 있다. 하지만 한편으로 인간에게는 새로운 업적, 창의성, 생산성, 진보를 가능케 하는 다수의 가변적 요인이 있다. (나는 진보라는 말을 점점 더 많은 것을 가질 수 있다는 뜻이 아니라 우리 의식의 꾸준한 성장으로 이해한다.)

토마스 아퀴나스가 습성, 즉 우리 행동의 역학은 실체에 가장 가까운 우연이라고 말했을 때 그의 주장은 이런 생각에 매우 근접한다. 그에게 습성은 우리의 전 존재를 이루지는 못하지만 실제의 우리와 가장 가까운 것이다.

스피노자의 사상도 비슷한 방향이었다. 《윤리학Ethica》에서 그는 이렇게 말했다. "모든 사물은 가능한 한, 그리고 자신의 힘이 미치는 한 자신의 존재를 유지하려고 노력한다." 4부 서문에서는 또 "개체가 많건 적건 다가갈 수 있는" 인간 본성의 모델을 거론하였다.

마르크스 역시 상수와 변수를 구분하려 했다. 《자본론Das Kapital》에서 그는 벤담에 반대하며 이렇게 말했다. "예를 들어 개한테 무엇이 유익한지 알고 싶다면 개의 본성을 탐구해야 한다. '효용 원칙'으로 본성 자체를 추론할 수는 없다. 인간에 적용하여 모든 인간의 행위, 동작, 상황 등을 효용 원칙에 따라 판단하고 싶다면 먼저 일반적인 인간의 본성을, 그 다음으로는 각 시대마다 역사적으로 수정된 인간의 본성을 알아야 한다."

마르크스는 이런 사고를 더 발전시켜 모든 인간에게 공통되는 "불변의, 고정된" 충동과 "특정 사회형태, 특정한 생산 및 교환 조건에서 반응하는 상대적" 욕망을 구분하였다.

인간 본성을 바라보는 프로이트의 입장은 스피노자, 마르크스의 사상과 공통점이 많다. 프로이트에게도 인간 본성의 모델은 존재했으며 그 특징은 자아와 이드(혹은 이상과 충동)의 갈등, 후기 이론에서는 삶의 충동과 죽음의 충동 사이에 벌어지는 갈등이다. 서로 다투는 이런 기본 단계가 인간 본성의 모델을 이룬다. 그러나 이런 모델에 미치는 가족과 사회의 영향이 너무도 지대하여 서로 다른 수많은 심리 구조가 탄생하는 것이다.

전통적 철학자들이 주장하는 인간 본성을 받아들이지 않았던 호세 오르테가 이 가세트 같은 사상가들도 인간 고유의 본성은 없지만 인간에게 일관성은 있다고 주장한다. 최근 들어 테야르 드샤르댕은 항상 동일하지만 거대한 복잡성을 획득하자마자 발전의 능력을 갖추는 인간 본성을 주장하였다. 테야르는 정향진화의 법칙을 더 큰 정신적 복잡성이 존재하는 곳에서는 더 높이 발전한 의식도 발견할 수 있다는 의미로 해석했다. 그에 따르면 인간은 고등동물보다 더 의식적이고 더 복잡할 뿐 아니라 진화의 과정에 있다. 다시 말해 그를 더 발전된 사회화와 개인적 자유로 인도할 진화의 과정에 있는 것이다.

나 자신은 인간의 본질이나 본성이 어느 정도는 — 동물의 실존과 달리 — 인간의 실존에 내재하는 모순에 처해 있다고 본다. 인간은 동물이지만 동물과 달리 본능이 그의 행동을 주관할 정도는 아니다. 인간은 지능을 넘어 — 지능은 동물도 갖고 있다 — 자신을 자각하지만 자연의 명령으로부터 달아나지는 못한다.

인간은 자연의 일부이지만 동시에 자연을 초월하기에 '자연의 변덕'이다. 이런 모순은 갈등과 두려움을, 더 나은 균형을 찾기 위해서 반드시 넘어야 할 불균형을 불러온다. 하지만 설사 균형을 찾았다 해도 그 균형에 도달하자마자 새로운 모순이 등장하고, 인간은 다시 새로운 균형을 찾기 위해 노력해야 한다. 그렇게 끝없이 계속된다.

인간의 본질을 만드는 것은 대답이 아니라 질문이다. 분열을 해결하는 수단인 이 대답들은 인간 본성을 표현하는 다양한 정의를 낳는다. 분열과 불균형은 인간으로서의 인간을 구성하는 근절할 수 없는 부분이다. 이 모순을 해결할 수 있는 방법은 사회경제적, 문화적, 심리적 요인에 따라 달라지지만 결코 자의적이거나 수적으로 제한되지 않는다.

인류사를 거치면서 도달했거나 예상했던 대답의 수는 한정되어 있다. 이 대답들은 역사적 상황에 좌우되지만 그와 동시에 얼마만큼 인간의 활력과 강인함, 기쁨과 용기를 자극할 수 있는 해결책을 제시하는가에 따라 차이가 난다. 이 해결책이 다양한 요인에 좌우되는 것은 사실이지만, 그렇다고 해도 인간의 통찰과 인간의 의지가 더 좋은 해결책을 찾도록 돕는 것만은 분명하다.

전체적으로 볼 때 인간의 본성을 탐구하는 모든 사람들에게서는 중요한 의견 일치를 확인할 수 있다. 아주 구체적으로 인간이란 현존으로 인한 온갖 한계와 약점을 가지고서 특수한 심리적 세계와 사회적 세계에 끌려 들어온 육체적 존재로 볼 수 있다.

하지만 그와 동시에 인간은 자기 자신의 삶을 자각하였고, 자기 자신과 주변 세계에 대한 의식을 꾸준히 키웠으며, 삶을 목표를 가진 열린 길로 만드는 새로운 물질적, 영적 능력의 발전 가능성을 자기 안에 품은 유일한 피조물이다. 파스칼은 《팡세 Pensées》에서 이렇게 말했다. "인간은 세상에서 가장 연약한 갈대지만 생각을 하는 갈대이다."

인간을 완벽하게 정의할 수는 없다. 그럼에도 앞에서 말했던 그 '본질적 속성'들은 '인간의 본성'이라 부를 수 있는 것의 이미지를 상당히 정확하게 제공할 수 있다. 하지만 인간의 본성은 원칙일 뿐 아니라 능력이기도 하다. 즉, 인간은 이성과 사랑의 능력을 발전시키는 만큼 자신의 본질에 도달한다. 인간은 인간이기 때문에 이성과 사랑의 능력이 있으며 그 반대도 가능하다. 다시 말해 이성적으로 판단하고 사랑을 할 수 있기 때문에 인간인 것이다. 자신을 자각하고 자신과 자신의 실존적 상황에 대해 진술하는 능력은 인간을 인간으로 만든다. 그리고 바로 그 능력이 인간 본성의 기본 요인이다.

동서양을 막론하고 위대한 철학자, 신비주의자, 신학자의 다수가 이런 확신을 품었다. 그들 모두는 자신은 물론 타인을 인식할 수 있기에 가능하며, 삶 자체의 구성요소인 정신적 현실을 인간의 특징으로 꼽았다.

인간의 정신에 관심을 보인 철학자들만 그런 의견이었던 것이 아니다. 비록 개념은 다르지만 수많은 유물론자들도 이런 실존적 갈등이야말로 인간 삶의 기초라고 강조했다. 대표적인 예가 고대 그리스의 데모크리토스이다. 말하지 말고 입을 다물고 명상을 하라고 주장했던 그리스의 회의론자들도, 인간이란 자기 목적이라고 주장한 포이어바흐와 마르크스도 마찬가지이다.

마지막으로 인간을 자기 목적으로 보는 사람들과, 인간을 자연의 다른 모든 사물처럼 다른 목적 — 국가, 가족, 소유, 권력 등 — 의 수단에 불과하다고 생각하는 사람들을 구분해야 한다. 위대한 사상가들은 대부분 전자이다. 그들 모두가 인간에게는 의식적으로 체험하고 감탄하며 자신의 실존적 분열을 해소하는 최적의 방법인 가치와 목표를 발견하는 능력이 있다고 보았다. 일신론을 믿건 그렇지 않건 이들 모두는 인간이 자신의 한계를 인식하고 의식화 과정을 통해 이 한계를 극복하기에 위대한 존재라고 보았다.

인간은 사물이 아니고 누구에게도 목적을 위한 수단으로 이용되어서는 안 된다고 확신한다고 했을 때, 현대 산업사회처럼 인간의 본성을 이해하기 힘들었던 시대는 없다. 이 사회는 이성을 이용해 100년 전이라면 꿈도 꾸지 못했을 방식으로 자연 지배를 끝마쳤다. 지속적으로 성장하는 기술력을 통해 고무된 인간은 전 에너지를 물건의 생산과 소비에 집중하였다. 이 과정에서 자기 스스로를 기계를 조작하고 그 기계에 조작당하는 사물로 느낀다. 그리고 다른 사람에게 착취당하지 않는 그만큼 자기 자신을 착취한다.

인간은 인간 본질을 생계비 벌이에 투자하고, 대부분 인위적으로 조장된 쉼 없이 증가하는 욕망을 해소하기 위해 인간의 힘을 이용한다. 그러느라 자신이 인간임을 망각할 위험에 처한다. 따라서 인간 본질을 바라보는 전통적 시각을 새롭게 고민하기가 지금보다 어려운 때가 없었으며, 지금보다 시급한 때도 없었다.

자유는 진짜 인격의 실현이다

03

선
생
님
.

자
유
가

다

뭔
가
요
.

정말로 중요한 것은 우리가 실질적으로, 구체적으로 자유로운지,
얼마나 자유로운지의 문제이다.

자유처럼 다양하게 ― 때로 이중적 의미로도 ― 사용되는 단어는 별로 없을 것이다. 자유는 신체적 자유를 의미할 수 있다. 구애받지 않고 몸을 한 장소에서 다른 장소로 이동한다는 뜻이다. 또 심리적 자유, 즉 독창적 자발성의 한 종류를 의미할 수도 있다. 나아가 시민적 자유, 즉 법이 허용하는 틀에서 임의대로 행동하거나 ― 몽테스키외의 표현대로 ― "법이 허락하는 모든 것을 할" 수 있는 자유를 의미할 수도 있다. 그 밖에도 언론의 자유, 의견 개진의 자유, 양심의 자유, 신념의 자유, 학문의 자유 등 의미가 수없이 더 있겠다.

하지만 이 개념의 대부분은 다의적으로, 심지어 모순된 의미로 사용된다. 예를 들어 만인에게 주어진 권리인 언론의 자유가 '숨은 선동가', '조직가'의 손아귀에서 우리를 그들의 게임 규칙에 따라 '자유롭게' 생각하도록 만드는 데 이용될 수 있다. 모든 인간의 값진 재산인 양심의 자유 역시 비슷하게 불합리와 불행의 도구로 이용될 수 있다.

경제적 자유주의의 자유는 이와 다르다. 애덤 스미스와 데이비드 리카도는 자유의 개념을 자유로운 기업가와 연관시켰다. 애덤 스미스는 사회의 진보가 만인의 경제적 소유를 평등하게 만들 것이라고 주장했다. 노동자들은 자연법에 근거하여 점점 더 높은 임금을 받지만 자본가 계급은 똑같은 자연법 때문에 수입이 그만큼 줄어들 수밖에 없다는 것이다.

이런 주장이 실제 사회 상황과 부합하는지는 의심스럽다. 분명한 것은 경제 부문의 자유주의 철학자들은 국가의 통제로부터 벗어날 수 있는 자유를 믿었다는 점에서 인문주의자들이었다는 사실이다. 이런 의미에서 보면 평등을 추구하였던 카를 마르크스가 애덤 스미스와 데이비드 리카도의 제자였다는 사실도 그리 놀랄 일은 아니다.

그러나 이런 의미로 해석한 자유가 실제로는 인간을 노예화하고 소외시키며 사물로 축소시킬 가능성이 존재한다. 이는 자신의 존재를 소유로 소외시키는 유산자는 물론이고 자기 목적인 인간 존재보다 목적의 수단으로 더 많이 이용되는 무산자에게도 해당되는 사실이다.

하지만 실제 결과가 이론적 고민에 담긴 선의의 목적을 짓밟는 경우는 그리 많지 않다. 자유주의, 사회주의, 공산주의, 무정부주의 이론가들도 그들의 주장이 인간을 만물의 척도로 삼을 뿐 아니라 타고난 가능성을 완전히 개발하는 자기 자신의 목표이자 목적으로 보는 세계관이라고 해석할 경우 인문주의의 성향을 띤다.

자유에 대한 질문과 수단이나 목적에 대한 질문은 긴밀하게 연관되어 있다. 5세기에 이미 요한네스 크리소스토무스는 인간을 수단이나 도구로 보는 것이 죄의 본질이라고 주장했다. 구약은 물론 신약과 교부들에게서도 확인되며, 스피노자, 칸트, 포이어바흐, 마르크스, 키르케고르, 프로이트, 막스 셸러를 거쳐 우리 시대까지 이어져온 이런 입장은 인간의 자율성이 자유의 기본 조건이라고 주장한다.

대부분의 철학자들은 자유를 정치적, 경제적, 도덕적, 심리적으로 해석하지 않고 두 가지 가능성 중에서 자유롭게 선택할 수 있는 능력, 비합리적 열정에서 벗어날 수 있는 능력으로 이해한다. 실제 두 개념은 상호보완적이다. 자유롭고 싶은 인간은 자신과 타인을 수단으로 이용해서는 안 되며, 둘은 ─ 칸트의 말대로 ─ 자기 목적이어야 한다. 수단은 도구이고, 수단으로 이용되거나 스스로를 수단으로 이용하는 사람은 자유롭게 행동하는 인간이 아니라 대상, 사물이 된다.

데카르트는 자유의지를 더 나은 길을 알면서도 최악의 길을 가도록 우리를 유혹하는 힘이라고 정의했다. 또 스피노자는 《윤리학》에서 자유를 이렇게 설명했다. "정신의 활동은 적합한 이념에서만 탄생한다. 반대로 고통의 상태는 그저 부적합한 이념 탓이다." 여기서 '적합한 이념'이란 명확하게 명료한 이념일 뿐 아니라 그 기원을 아는 이념이다.

첫 번째의 자유는 의지에 따른 결정을 내포하며, 두 번째의 자유는 의식적 인식을 의미한다. 따라서 우리는 내적 해방이라는 의식적 인식이 아닌 의지의 자유를 거의 상상할 수가 없다. 정말로 중요한 것은 우리가 실질적으로, 구체적으로 자유로운지, 얼마나 자유로운지의 문제이다.

보통은 자유와 결정론을 대립되는 개념으로 생각한다. 예를 들어 물리학의 결정론은 인간을 축소시켜 자연을 지배하는 인과법칙이 인간의 행동에도 적용된다고 주장한다. 생물학의 결정론도 인간의 의식이라는 뇌의 현상이므로 두뇌 시스템의 구조에 따라 결정된다고 주장한다. 인간의 행동을 조건반사의 결과로 보는 행동주의 심리학 역시 결정론적이다.

결정론의 정당성을 설득하는 논리들이 있다. 과학과 기술의 진보는 결정론의 결과라고 분명히 말할 수 있다. 결정론이 비결정론보다 과학적이라는 인상을 주는 것도 사실이다. 따라서 인과적 사고를 물리적 현상뿐 아니라 사회과학의 연구 대상인 현상들에도 적용하고 싶은 유혹이 적지 않다.

게다가 가족, 사회 환경, 역사적 상황에서 교육이 우리의 심리 구조에 얼마나 지대한 영향을 미치는지 우리는 잘 안다. 심층심리학, 사회학, 경제학은 많은 경우, 심지어 대부분의 경우 우리의 행동과 성격이 주어진 조건의 결과일 뿐임을 주장한다. 따라서 마르크스, 프로이트 등이 우리가 사회의 무의식적인 힘, 우리 자신의 무의식적인 충동에 의해 좌우된다고 주장한 것도 당연하다. 마르크스와 프로이트, 그들보다 앞선 스토아학파와 스피노자를 결정론자라고 볼 수도 있을 것이다. 하지만 이들은 동시에 모든 인간을 해방시키고자 했고, 인간이 인간 현존의 자연적, 역사적 조건 안에서 최대의 자유에 도달하기를 바랐다.

따라서 자유는 사실이라기보다 가능성이다. 인간의 진짜 인격의 실현인 것이다. 자유는 장애와 조건과 투쟁하여 쟁취해야 하는 것이다. 플라톤, 마르크스, 스피노자, 베르그송, 칸트, 프로이트, 밀까지도 정확히 그런 의미에서 자유를 쟁취한다고 했다. 혹은 ─ 사르트르는 ─ 자유의 반대는 결정론이 아니라 운명론이라고 말했다. 자유의 이념은 인간의 사고 그 자체만큼 오래되었다. 산스크리트어로 쓴 글, 아리스토텔레스, 에픽테토스, 아우구스티누스, 데카르트에게서도 자유의 이념이 발견된다.

그중에서 가장 자유를 잘 표현한 것이 플라톤의 동굴 비유가 아닌가 한다. 자기 발의 족쇄를 끊고 아무리 힘들어도 참으며 동굴의 가파른 벽을 기어올라 마침내 정의의 태양을 보겠다는 노력이 없다면 자유가 존재할까? 태양을 본 철학자가 동굴로 돌아가 사람들에게 그들이 본 것은 환영이라고, 진정한 자유는 진리의 인식에서 나온다고 말하지 않는다면 자유란 과연 무엇이란 말인가?

자유가 원래부터 존재했다고 말할 수 있는 사람은 없을 것이다. 오히려 우리가 자유에 도달했다고 말하는 것이 더 옳다. 이런 의미에서 자유는 ─ 르네상스 인문주의자들이 말했듯 ─ 인간 존엄성의 발견, 혹은 인간 본질 그 자체이다. 그러니까 인간을 인간이게 하는 것, 유한성으로 인한 장애, 제약, 한계에도 불구하고 인간을 인간일 수 있게 하는 것이다.

테야르 드샤르댕은 이런 생각을 명확하게 표현하였다. 스피노자(강인한 심성과 용기는 그가 외친 두 가지 긍정적이고 적극적인 감정이다.)와 비슷하게 테야르도 성장과 발전의 과정을 거치며 겪는 긍정적 고통과 긍정적 감정들을 주장하였다.

나아가 테야르가 '축소의 고통'이라 부르는 또 하나의 감정이 있다. 두려움, 공포, 질병, 노화, 죽음처럼 실제로 우리의 한계를 정하는 감정이다. 테야르는 진정한 자유는 이런 고통의 극복, 두려움과 공포의 극복에 있다고 본다. 그래야만 인간의 고통은 '신성'해질 수 있다.

피곤한 사람, 절망에 빠진 사람, 염세주의자는 자유에 도달할 수 없다. 피곤할수록, 절망에 젖어 있을수록, 염세적일수록 얻을 수 있는 자유는 줄어든다. '열정적인 사람'만이 자유로울 수 있다. 심리학적으로, 퇴보에 빠지지 않고 전진하고 진보하려 노력하는 사람만이 자유로울 수 있다. 독립과 동시에 주변 사람들에 대한 사랑을 포함하는 진보를 추구하는 사람만이 자유로울 수 있는 것이다.

"너 자신을 알라!" 그리스의 이 오래된 명언은 자유의 뿌리가 어디에 있는지를 가르친다. 예부터 자기 인식은 자신의 한계를 넘어 성숙에 이른다는 뜻이다. 그러니까 잠재적으로 우리인 그 사람이 된다는 뜻이다.

자신의 상황에 대해 고민하고 글을 쓰기 시작했을 때 — 특이하게도 이런 일은 기원전 8세기 및 기원전 6세기에 인도, 중국, 팔레스타인, 그리스에서 동시에 일어났다 — 인간은 삶의 수수께끼와 인생의 의미를 풀려고 노력했다. 하지만 인생에서 가장 중요한 이런 질문에 과연 대답이 있기는 한 것일까? 삶이란 모순과 역설, 고통으로만 이루어진 듯하다. 하지만 우리는 고통과 수동적 태도의 극복에서 존재의 충만으로 가는 길을 찾을 수 있다는 사실을 깨달았다.

시몬 베유의 말대로 '억압'이 '자유'로 변할 수 있는 것이다. 인간은 자각에 이르는 만큼만, 현실을 인식하는 만큼만 자유로워진다.

삶이 의미가 있을까? 철학자, 신학자, 도덕가, 신비주의자, 심리학자들은 거듭 이런 질문을 던졌다. "왜 나는 (혹은 누구든) 계속 살아야 할까?" 이런 상황으로 인해 기독교인들은 '구원', 불교도는 '해탈'과 '깨달음', 인문주의자들은 '사랑과

타인과의 합일' 혹은 '자기 내면의 조화와 온전함'의 의미와
가능성을 물었다.

어쩌면 공리주의 학파는 조화, 합일, 깨달음, 구원에 언젠
가 도달할 수 있다는 가능성을 부인한 것이 아닐지도 모른
다. 통속적인 공리주의적 세계관과 삶을 대하는 그들의 관습
적 태도가 삶의 문제에 대리 해법을 제시하면서 그 가능성을
부인하는 것 같다. 정치나 기타 일상의 공리주의가 인간을
획일화하고, 인간을 소외된 존재로, 다른 사물들과 같은 사
물로 만들며, 도구로 축소시키려 하는 것이다.

공리주의 철학자들은 현실을 왜곡시켜 우리를 자기편으
로 만든다. 우리는 존재를 추구하지 않고 소유를 추구한다.
많은 경우에서 소유가 존재보다 더 강한 현실성을 갖는다.
자신을 소유자로 소외시키는 우리는 우리의 소유물일 뿐 인
간 인격으로서의 자신이 되기를 중단하였다.

이 변화를 올더스 헉슬리는 《멋진 신세계Brave New World》에,
조지 오웰은 《1984》에 담았다. 마르틴 하이데거는 우리 모
두를 정복하여 우리의 진짜 실존을 말살시키는 '세인das Man'
을 이야기했다. 안토니오 마차도의 '별것 아닌 사람Don Nadie'
이 모호하고 압도적인 현존으로 우리를 덮칠 때 일어나는 변

화인 것이다.

우리의 일상에는 우리 인격의 정체성을 앗아가는 위험이 있다. 개별적 존재와 마찬가지로 우리의 일부인 공동체의 공동생활은 우리에게서 점점 자유와 책임감을 앗아간다.

"전쟁이 일어날 것이다.", 혹은 "복지와 평화의 시대가 올 것이다."라고 사람들이 말하면 나는 그에 대해 어떤 의견도 피력하지 않는다. '사람들이 말한다'는 표현을 이용해 우리는 그 누구도 어떤 것을 실제로 책임지지 않는 무의미한 수다의 세계로 들어선다. 정치적 영역에서 모든 종류의 독재는 '세인'이 최대한 많아지도록 노력하는 경향이 있다. 우리를 — 성경에서 말하는 양이 아닌 — 양떼로 만드는 무차별 원칙이다.

키르케고르는 이미 그런 식의 태도가 우리에게 어느 정도의 쾌감을 일깨운다는 사실을 간파했다. 그의 표현으로 하자면 '미적 인간'의 세계이다. 미적 인간이란 자기 자신을 찾을 수 없어서 모든 사람을 상대로 실험을 하고 그 방법으로 자신의 존재와 정체성을 잃어버리는 가운데 자신의 본질을 찾고자 하는 사람을 말한다. 키르케고르는 돈 후안의 태도가 이런 끝도 시작도 없는 '실험'을 상징한다고 보았다.

하지만 이런 실험은 슬픔을 불러온다. 붓다의 고^苦와도 비슷한 '쾌락주의자의 우수'를 불러오는 것이다. 이 슬픔의 원인은 자아의 결핍이다. 키르케고르와 스피노자는 이것이 모든 열정 중 가장 부정적인 열정이며 아주 명확하게 삶을 겨냥하고 있다고 말했다.

돈 후안은 그리스 전설에 나오는 나르시시스트다. 자신만 보는 사람은 결국 자신이 만든 그 거울에 빠져 죽는다. 돈 후안 혹은 '세인'은 타인에게서 그 타인의 본질을 찾으려 하지 않고 ― 나르시시스트처럼 ― 자기중심적 현실의 본질을 찾으려 애쓴다. 그러므로 쾌락주의자는 사랑할 줄도 모르고 타인을 위해 존재할 줄도 모른다. 쾌락주의자의 슬픔은 유일한 존재가 되고 싶지만 결국에는 별것 아닌 사람이 되고 마는 '세인'의 슬픔이다.

우리 역시 누가 봐도 소외와 물화, 수동성과 고통의 길로 가고 있으면서도 이제껏 항상 완성과 구원, 깨달음, 합일, 조화의 욕망을 품었다. 그리고 이제껏 항상 그를 통해 갈등의 해결책을 찾아 세계와 하나가 되고자 노력하였다. 인간에게는 항상 희망이라는 능력이 있다. 그래서 인간을 '희망할 수 있는 존재'라고 정의할 수 있는 것이다.

"너 자신에게 충실하라."(1막 3장).《햄릿》은 이런 충고를 던진다. "나는 내가 누군지 안다." 돈키호테는 말한다. 인생의 의미에 대한 질문은 진짜에 대한 질문과 깊이 연결되어 있다. 진짜 인간에게는 정신이 중요하다. 진짜가 아닌 인간은 비정신적이다. 특수한 형이상학적 태도를 말하는 것이 아니다. 유물론자도 진짜와 깨달음, 조화와 구원을 찾는다면 정신적 인간이다. 하지만 소위 '정신적 인간'이라고 불리는 사람이라도 실제로 깨달음을 추구하지 않는다면 그는 비정신적 인간이다.

보통 쾌락주의자로 분류하는 에피쿠로스도 이런 조건에서는 정신적 인간으로 분류된다. 그의 쾌락 체험이 실제로는 구원의 체험이며 인도의 현자나 선불교 철학자들의 체험과 다를 바 없는 내적 조화의 체험이기 때문이다. 에피쿠로스가 말하는 쾌락주의자는 덕을 통해 이 세상에서 진짜 삶을 살고자 하는 사람과 한 가지 공통점이 있다. 바로 인간 가치의 실천, '인간 존엄성'의 실현이다.

많은 철학자들이 형이상학적 사상 체계를 만들었고 ― 그 형이상학적 체계가 실제로 옳은가의 여부와 관계없이 ― 형이상학적 사상이 역사적으로 동서양의 자연과학을 포함하여 인간 문화의 다양한 발전에 지대한 영향을 미쳤음을 결코 잊어서는 안 된다.

모든 형이상학적 체계는 세상을 바라보는 특정한 관점, 즉 세계관을 제시한다. 형이상학은 이미 언급한 두 가지 질문에서 탄생하였다. "삶은 왜 존재하는가?" 그리고 "삶은 무엇을 위해 존재하는가?" 형이상학은 인간이 우주에서 어떤 자리를 차지하는지 설명하려 노력하며, 삶의 과정에서 인간이 어떤 태도를 취해야 하는지를 도출한다. 이런 의미에서 형이상학적 사고는 공론이 아니라 삶에 기여하는 논의인 것이다.

겉보기에는 차이가 나지만 근본적으로는 전혀 다르지 않은 형이상학적 견해들은 한편으로는 각 학파들이 사용하는 개념대로 '깨달음', '구원', '조화', '합일'을 추구하지만 다른 한편으로는 고립된 실존을 초월하는 가운데 삶의 의미를 찾는다는 사실을 보여준다.

'초월Transzendieren'은 난해한 단어이다. 따라서 그것이 가진 여러 가지 특수한 의미를 살펴보면서 그 완벽한 의미를 파악해 보기로 하자. 종교적 혹은 형이상학적 맥락에서 초월성은 더 높은 힘의 실존에 대한 암시이다.

예를 들어 플라톤의 이데아, 플로티노스의 '일자一者', 종교의 '신'이 그것이다. 그러나 초월성은 이기주의와 자기중심적 태도로부터의 해방을 의미할 수도 있고, 더불어 인간이 진정한 소통을 위해 타인에게 흉금을 터놓는 것을 의미할 수도 있다.

마지막으로 — 특히 실존주의적 사고방식에서 두드러지는 것처럼 — 시간적으로 자신을 넘어서 미래를 향해 손을 뻗는다는 의미일 수도 있다. 하지만 이 서로 다른 해석들에도 한 가지 공통점은 있다. 자기중심적 자아를 넘어서며, 현실과 관계를 맺음으로써 이기주의의 감옥에서 자신을 해방시킨다는 점이다.

초월성을 이런 의미로 이해한다면 우리의 삶은 초월성에 도달할 때, 다시 말해 자기중심적이고 파괴적인 방식으로 나르시시스트처럼 거울 속의 자신만을 들여다보지 않을 때 의미를 갖게 된다고 말할 수 있다. 온전히 자신을 내어주는 것이 자신이 되는 유일한 길이다.

이 역설적 문장은 겉보기에만 역설적이다. 우파니샤드, 신약, 베다, 괴테, 마르크스, 셸러, 러셀, 마차도에게서도 우리는 같은 구절을 발견한다. 내가 '사랑의 기술'을 말했을 때도 똑같은 의미였다. 테야르 드샤르댕은 재미난 말장난으로 같은 생각을 이렇게 요약하였다. "전쟁을 피하고 싶다면 해결책은 단 하나, 내면의 평화뿐이다."

우리 세기의 중심 문제는 인간의 상호관계이다.

하이데거에게는 인간의 '세계 안의 존재'도 있지만 '함께 있는 존재'도 있다. '공동체Gesellschaft'라는 말에도 같은 생각이 담겨 있다. '사교성Geselligkeit'은 인간의 본질적 특징이다. 공동체가 존재한다는 것은 나와 너의 실존과 관련이 있다. 더 정확히 말하면 포이어바흐와 마차도가 가르친 대로 나의 실존에 이미 함께 주어진 너의 실존과 관련이 있는 것이다. 우리 각자는 사회가 있기 때문에 존재하는 것이 아니다. 타자의 존재 역시 우리 각 개인의 일부이기에 사회가 존재하는 것이다. 인간은 본성상 타인을 위한 존재이다.

우리 시대는 상호주관성의 문제에 다양한 방식으로 접근하였다. 에드문트 후설은 타인의 실존을 '제2의 자아', 즉 유추 법칙을 통해 접근하여 이해할 수 있는 다른 '나'라고 주장한다. 막스 셸러는 합리적이지만은 않은 정의를 찾으려 노력하며 소통의 기원을 공감과 사랑에서 찾는다.

호세 오르테가 이 가세트는 타인을 자신의 '환경Circumstan-

_{cia}'이라고 부른다. "나는 나 자신이자 나의 환경이다. 내가 내 환경을 구원하지 않으면 나 자신 역시 구원하지 못한다." (오르테가의 주장은 개인의 책임과 사회의 책임을 상호 결합시키려 노력하며 바로 그를 통해 의미를 획득한다는 뜻이다. 스페인어 circumstancia는 우리의 환경, 인간의 세계라는 이중적 해석이 가능하다.)

마차도는 반복하여 인간의 '본질적 이질성'을 강조한다. 책임, 배려, 존중, '인식'의 통합인 사랑 역시 인간 인식의 기본이 되는 역동적 요인으로 이해될 수 있다. 앞에서 언급한 모든 사상가들에게서 우리는 인간은 타인과 관계를 맺을 수 있고, 누가 봐도 확연한 장애와 거리, 제약에도 그렇게 해야만 한다는 공통된 주장을 발견할 수 있다.

모든 이론이 — 표현은 다르지만 — 같은 사상을 담고 있다. 인간은 본질상 초월의 욕망을 품은 존재라는 것이다. 인간은 타인과의 관계에서 그 자신이 되려는 욕망을 품는 존재이다.

궁극적으로 인간 공동의 본성을 포함하는 소통의 문제는 우리 세기에 들어와 점점 더 시급한 현안이 되었다. 기술적 소통의 가능성은 지나치리만큼 과도하게 증가하였지만 대중을 지향하는 대중매체가 지배하는 세상에서 인간과 인간의 실제적 소통은 날로 힘들어졌다. (여기서 '대중mass'이라는 말은 국민 다수가 아니다. 대중은 ─ 오르테가가 말했듯 ─ 물화된 인간, 대상, 도구, 수단으로서의 인간이다.)

현대인들은 인간과 인간의 실질적 소통 가능성에 진지하게 의문을 품는다. 주관적으로는 타인을 향해야 하고 객관적으로는 우리 자신을 향해야 한다는 키르케고르의 사상을 더 이상 믿지 않았던 하이데거는 인간과 인간의 거리를 거듭 강조하였다. 사르트르는 소통이란 애당초 존재하지 않는다고 힘주어 강조하였다. 사르트르는 자신의 작품 속 한 인물의 입을 빌려 이렇게 말했다. 우리가 정말로 '사랑'을 '사랑받을 것이라는 기대'라고 생각한다면 "지옥은 다름 아닌 타인들이다."

입으로는 자신이 낙관주의자라고 떠들었지만 그 말과 모순되는 사르트르의 이런 염세적 입장은 이중의 도전을 숨기고 있다. 한편으로는 우리의 자아와 타인의 자아 사이에는 많은 장애물이 존재한다는 사실을 밝힌다. 하지만 또 한편으로는 실질적 소통이 가능한지를 다시금 우리에게 질문한다. communion(공존), community(공동체), 이런 단어가 과연 의미가 있기는 한가?

소통의 문제는 사회적 혹은 역사적 문제만이 아니다. 더 깊은 저변에는 실존적 문제가 깔려 있다. 열정과 고통도 그러하지만 타인의 진짜 본질을 찾는 우리의 노력도 순수 유아론의 대안이다. '나르시시즘'과 ― 윤리적으로 볼 때 ― 이기심의 대안이다.

소통을 힘들게 하고, 극단적일 경우에는 심지어 불가능하게 만드는 다양한 이유들이 있다. 아마도 19세기에 탄생하였을 시민 평등 의식에 기원을 둔 추상적 개인주의, 선전의 욕망과 그로 인해 타인을 자신의 목적에 이용하려는 노력, 독재로까지 발전하는 개인과 사회의 종속, 마지막으로 인류의 마지막 전쟁이 될 수도 있을 전쟁에 대한 공포 등이 그것이다. 사회적, 심리적, 경제적 요인들이 결합되어 깊이 있는 소통을 헛된 노력으로 만드는 것이다.

게다가 타인의 가장 깊은 내면에 숨은 본질은 그의 침묵 탓에 알 수가 없다. 하지만 이런 침묵에는 부정적 면과 긍정적 면이 있다. 그 뒤로 몸을 숨기는 데 일조한다는 점에서는 부정적이지만, 타인이 자기 자아의 복사품이어서는 안 될뿐더러 실제로 내가 알고 존중할 수 있는 사람이라면 그에게 우리가 방해하지 말아야 할 사적 공간이 존재한다는 점에서는 긍정적이다.

타인의 소위 '불투명성'에도 불구하고 그의 정체성을 파악할 뿐 아니라 그의 성격까지 이해할 수 있는 실질적 가능성은 존재한다. 아이의 첫 움직임은 비록 자기중심적일망정 분명 타인을 향한 움직임이다. 생의 첫 순간부터 일종의 공존이 존재하는 것이다. 이런 공존을 우리는 더 높은 단계로 발전시킬 수 있다. 실제의 '공동체'를 이루려면 이 모든 장애와 불투명성을 극복하고 자신의 자아를 넘어 타인의 자아를 이해해야 할 것이다. 이는 나와 너와 우리를 껴안는 책임감과 신뢰를 바탕으로 한다.

요약하자면 우리는 자신을 이해하고 사랑하고 인식할 수 있을 때에만 타인을 인식하고 이해하고 사랑할 수 있다. 하지만 의식적 헌신이 곧 자신의 사적 공간을 포기한다거나 타인의 사적 공간을 침해한다는 뜻은 아니다.

사랑은 인식이지만, 또 인식이기 때문에 타인에 대한 존중이기도 하다. 우리가 자신에게 투명하다면 타인의 불투명성은 인간의 가능성 안에서 투명해질 것이다.

자아는 적극적으로
활동하는 만큼 강하다

04

선
생
님
,

강
해
지
고

싶
습
니
다
.

모든 자발적 활동에서 인간은 세계를 자기 안으로 받아들인다.
그 과정에서 개인의 자아는 온전해지고 더 강해지며 더 탄탄해진다.

인간은 자신의 자아를 실현하고, 자기 자신이 됨으로써 자유를 획득할 수 있다. 그렇다면 자아의 실현이란 무슨 뜻일까? 관념론의 철학자들은 지적 통찰을 통해서만 자아실현에 도달할 수 있다고 보았다. 그들은 인간의 인격이 본성과 이성으로 분열되어 있으며, 이성은 본성을 억누르고 감시할 수 있다고 주장했다.

하지만 이렇게 인격을 나눈 결과, 인간의 감정과 지적 능력은 제 역할을 못하게 되었다. 이성이 자신의 포로가 된 본성을 감시함으로써 스스로 포로가 되었고 그로 인해 인격의 두 측면 — 이성과 감정 — 이 모두 엉망이 되어버린 것이다.

우리는 자아실현이 사고 행위만으로 가능한 것이 아니라 전인격의 실현을 통해, 모든 감정적 가능성과 지적 가능성이 활발하게 표현될 때 가능하다고 생각한다. 이런 가능성은 모두에게 깃들어 있지만 겉으로 표현하는 만큼만 실현된다. 적극적 자유는 통합된 전인격의 자발적인 활동에 있다.

여기서 우리는 심리학의 가장 어려운 문제 중 하나에 도달한다. 바로 자발성의 문제이다. 자발적 활동이란 고립이나 무기력에 떠밀려 어쩔 수 없이 하는 강제적 활동이 아니다. 외부에서 주어진 행동 모델을 무비판적으로 받아들이는 자동인형 같은 순응주의자의 활동도 아니다. 자발적 활동spontaneous activity이란 라틴어 어원 sponte의 뜻 그대로 자아의 자유로운 활동을 말한다. 라틴어 sponte는 '자유의지로'라는 뜻이다.

활동은 '어떤 것을 한다'는 의미가 아니다. 활동이란 감정의 영역은 물론이고 지적, 감각적, 의지의 영역에서도 이루어지는 인간의 창의적 활동을 말한다. 자발성의 전제 조건은 인격을 전체로 받아들이고 '이성'과 '본성'으로 나누지 않는 것이다. 인간이 자아의 본질적 부분들을 억압하지 않을 때, 자기 자신에게 명료해질 때, 삶의 다양한 영역을 근본적으로 통합시켰을 때에만 자발적 활동이 가능하기 때문이다.

자발성은 우리 문화에서 드문 현상이지만 그래도 전혀 없는 것은 아니다. 몇 가지 사례를 들어보도록 하겠다.

일단 우리는 자발성을 갖춘 혹은 갖추었던 사람들을 알고 있다. 그들의 사고, 감정, 행동은 자동인형의 표현이 아니라 자아의 표현이다. 그들의 대부분은 예술가이다. 실제로 예술가는 자발적으로 자신을 표현할 줄 아는 사람이라고 정의할 수 있다. 이런 정의를 인정한다면 ― 발자크의 예술가 정의가 그랬다 ― 몇몇 철학자와 학자들 역시 예술가라 불러야 할 것이다. 그들은 다른 철학자 및 학자들과 구식 사진사와 창조적인 화가만큼이나 다르다.

예술가만큼 객관적인 수단으로 자신을 표현하는 능력은 부족하지만 ― 혹은 좀 더 훈련할 필요가 있지만 ― 예술가와 같은 자발성을 갖춘 사람들도 물론 있다. 그런데 예술가들의 처지는 정말 곤란하다. 성공한 예술가의 개성이나 자발성만 존중을 받기 때문이다. 작품을 파는 데 성공하지 못한 예술가는 동시대인들에게 '미친놈' 아니면 '신경증 환자' 취급을 받는다. 이때의 예술가는 혁명가와 비슷한 처지이다. 성공한 혁명가는 정치인이 되지만 성공하지 못한 혁명가는 범죄자다.

어린아이들 역시 자발성의 사례를 제공한다. 아이들에게는 진짜 자기 감정을 느끼고 자기 생각을 할 수 있는 능력이 있다. 자발성은 아이들의 말과 생각에서, 얼굴에 드러나는 감정에서 나타난다.

대부분의 사람이 어린아이에게 큰 매력을 느끼는 이유가 무엇인지 묻는다면 — 감성적인 이유나 관습적인 이유를 제외하면 — 답은 바로 자발성이다. 자발성은 그것을 느낄 감정이 하나도 남아 있지 않을 만큼 무감각한 사람을 제외한 모든 사람에게 강하게 호소한다. 어린아이나 예술가에게서 발견하건, 다른 사람들에게서 발견하건, 사실 자발성만큼 매력적이며 설득력 있는 것은 없다.

대부분의 사람들은 적어도 순간이나마 자신의 자발성을 경험하고 동시에 그 순간을 진정한 행복으로 느낀다. 어떤 풍경이 아름답다고 자발적으로 느낄 때, 고민을 통해 깨달음을 얻었을 때, 틀에 박히지 않은 종류의 감각적 쾌락을 느꼈을 때, 타인에 대한 사랑이 갑자기 솟구쳐 오를 때, 그런 순간 우리 모두는 자발적 체험이 무엇인지 알게 되며, 그런 체험이 이렇게 드물지 않게, 세련되게 찾아온다면 인간의 삶이 어떻게 달라질지 어렴풋하나마 예감하게 될 것이다.

자발적 활동이 어떻게 자유에 대한 질문에 해답이 될까? 어떤 것으로부터의 해방인 소극적 자유만 있다면 인간은 고립된 존재가 되고 만다. 불신에 가득 차서, 연약하고 항상 위태로운 자아를 가진 채 세상과 멀리 떨어진 존재가 된다.

자발적 활동은 자아의 온전함을 희생하지 않고도 고독의 공포를 극복할 수 있는 유일한 길이다. 자아의 자발적 실현을 통해 인간은 새롭게 세상 — 인간, 자연, 자기 자신 — 과 하나가 되기 때문이다. 이런 자발성의 가장 중요한 요인이 사랑이다. 하지만 자아가 다른 사람 속으로 녹아버리는 그런 사랑이나 다른 사람을 소유하기 위해서 노력하는 사랑은 아니다. 그 사랑은 개인의 자아를 보존하며, 다른 사람을 자발적으로 긍정하고, 다른 사람과 하나가 되는 그런 사랑이다. 사랑의 역동적 성격은 분리를 극복하고 하나가 되지만 그럼에도 자신의 개성을 잃고 싶지 않은 욕망에서 탄생하는 양극성에 있다.

자발성의 다른 요인은 노동이다. 여기에서의 노동은 고독에서 도피할 목적의 강제적 활동이 아니며, 한편으로는 자연을 지배하려 하면서 다른 한편으로는 인간이 만든 생산물을 우상화하거나 이 생산물의 노예가 되는 활동도 아니다. 인간이 창조의 행위를 통해 자연과 하나가 되는 창조로서의 노동이다.

사랑과 노동에 해당되는 사항은 감각적 기쁨이나 공동체 정치 활동에의 참여 같은 모든 자발적인 활동에도 그대로 적용된다. 이는 자아의 개성을 긍정함과 동시에 자아를 타인 및 자연과 하나로 만든다. 자유에 내재하는 근본적인 분열 — 개성의 탄생과 고독의 고통 — 이 인간의 자발적 활동을 통해 더 높은 차원에서 해소되는 것이다.

모든 자발적 활동에서 개인은 세계를 자기 안으로 받아들인다. 그 과정에서 개인의 자아는 온전해지고 더 강해지며 더 탄탄해진다. 자아는 적극적으로 활동하는 만큼 강하기 때문이다. 진정한 힘은 물질의 소유에도, 감정이나 사고 같은 정신적 자질의 소유에도 있지 않다. 물건의 사용이나 조작도 힘을 주지 못한다. 우리가 어떤 물건을 이용한다고 해서 그것이 우리 것이 되지는 않는다. 인간이건 생명 없는 사물이건 창조적 활동을 통해 진정한 관계를 맺는 것만이 우리의 것이다. 우리의 자발적 활동이 낳은 속성들만이 우리의 자아에 힘을 주고, 자아가 온전할 수 있도록 기틀을 닦아준다.

자발적으로 행동하지 못하고 진정한 느낌과 생각을 표현하지 못하는 무능력, 그로 인해 타인과 자신에게 가짜 자아를 내보일 수밖에 없는 것이 열등감과 무력감의 뿌리이다. 의식하건 안 하건 자기 자신이 아닌 것보다 더 부끄러운 일은 없으며, 진짜 자기 것을 생각하고 느끼고 말하는 것보다 더 큰 자부심과 행복을 주는 것도 없다.

　중요한 것은 활동 그 자체다. 결과가 아니라 과정이 중요한 것이다. 그런데 우리 문화에서는 무게중심이 정확히 거꾸로 되어 있다. 우리는 구체적 욕망을 만족시키기 위해 생산하는 대신 상품을 팔겠다는 추상적 목적을 위해 생산한다. 모든 유형, 무형의 사물을 돈을 주고 살 수 있고, 돈만 주면 다 우리의 소유가 된다고 여긴다. 우리 개인의 특성과 노력의 성공 또한 돈과 명성, 권력을 위해서 팔 수 있는 상품이라고 생각한다. 그 결과 무게중심이 창의적 활동이 주는 순간적 만족에서 완제품의 가치로 옮겨간다.

　인간은 진정으로 행복을 줄 수 있는 유일한 만족 — 활동의 순간 체험하는 것 — 을 잃고서 잡았다고 믿는 순간 실망을 안겨주는 환영과 성공이라는 이름의 가짜 행복의 뒤를 쫓아다닌다.

자발적 활동으로 자아를 실현하고 이를 통해 세상과 관계를 맺는 개인은 더 이상 고립된 원자가 아니다. 그와 세상은 질서정연한 전체의 부분이 되고, 그는 세상에서 자신에게 맞는 자리를 얻게 되며, 그럼으로써 자신과 삶의 의미에 대한 회의도 사라질 것이다. 고립과 좌절 탓에 생긴 회의는 강제적으로, 자동인형처럼 살지 않고 자발적으로 산다면 그 즉시 사라진다. 그는 자신을 활동적이고 창조적인 개인으로 느끼며, 삶 자체의 완성만이 삶의 단 하나의 의미라는 것을 깨닫게 될 것이다.

　개인이 자신과 세상 속에서의 자기 위치에 대한 의혹을 극복하고 자발적 체험의 행위를 통해 세상을 파악하면서 세상과 관계를 맺는다면, 개체로서 힘을 얻을 뿐 아니라 안전도 확보된다. 여기에서의 안전은 세상과의 새로운 관계가 최초의 애착과 구분되듯 개인주의 전 단계의 특징인 안전과 구분된다. 이 새로운 안전은 외부에 존재하는 더 높은 힘의 보호에서 나오지 않는다. 삶의 비극적 측면이 완전히 제거된 안전도 아니다. 새로운 안전은 역동적이다. 타인의 보호가 아니라 자신의 자발적 활동에 근거를 둔다. 인간이 매순간 자발적 활동을 통해 얻는 안전이며, 자유만이 줄 수 있는 안

전, 착각을 필수적으로 만드는 조건을 차단하였기에 착각이 필요 없는 안전이다.

자아실현으로서의 적극적인 자유는 개인의 고유함을 완벽히 긍정한다. 인간은 평등하지만 다르게 태어난다. 이 차이는 태어날 때 물려받은 신체적, 정신적 기질이 다른 탓이며, 거기에 수많은 상황과 각자의 경험이 추가된다.

두 유기체가 생리학적으로 다른 것처럼 두 사람의 인격을 이루는 개인적 토대 역시 동일하지 않다. 진정한 자아의 발전은 항상 이런 특수한 토대를 바탕으로 한 성장이다. 이 한 사람에게 고유한, 이 사람에게만 해당되는 씨앗의 발아, 유기적 성장이다. 자동인형 같은 순응주의자의 발전은 유기적 성장이 아니다. 이 경우 자아의 토대가 되는 발전이 가로막혀 있고, 자아는 외부의 사고 및 감정 모델이 주입된 가짜 자아로 뒤덮인다.

유기적 성장은 타인의 자아가 가진 특수성을 자신의 자아가 가진 특수성 못지않게 최대로 존중해야만 가능하다. 자아의 고유함을 이처럼 존중하고 장려하는 것이야말로 인간의 문화가 이룬 가장 값진 업적이다. 그런데 바로 그것이 오늘날 위험에 처한 것이다.

자아의 고유함은 결코 평등의 원칙과 모순되지 않는다. 인간이 평등하게 태어났다는 주장은 모든 인간이 공통적으로 가지는 기본적인 인간 속성이 있으며, 모두가 인간 존재로서 같은 운명을 겪고, 모두가 자유와 행복을 누릴 양도할 수 없는 권리를 갖는다는 의미이다. 나아가 인간관계는 지배와 복종의 관계가 아니라 상호 연대의 관계라는 의미이다.

　'평등'이 모든 인간이 똑같다는 뜻은 아니다. 그런 식의 평등 개념은 오늘날 인간이 경제적 영역에서 맡는 역할 탓에 생겨났다. 구매하는 사람과 판매하는 사람의 관계에서는 인격의 구체적 차이가 배제된다. 이런 상황에서는 오로지 한쪽은 무언가를 팔아야 하고 다른 쪽은 그것을 구매할 돈이 있다는 사실만 중요하다. 경제생활에서는 한 사람과 다른 사람의 구분이 없다. 하지만 실제 인간으로서의 그들은 서로 다르며 그 특수성의 장려가 개성의 본질이다.

　긍정적 자유에는 이런 고유한 개인의 자아보다 더 높은 권력이 없다는 원칙도 포함된다. 인간은 자기 삶의 중심이자 목적이며, 개성의 실현은 이른바 더 값지다고 주장하는 그 어떤 목적에도 결코 종속될 수 없는 목적이다. (…)

자발적 활동을 억압하여 진정한 개성이 발전하지 못하도록 침해하는 행위는 아주 일찍부터 시작된다. 실제 어린아이에 대한 첫 교육적 조치부터가 이미 그런 행위이다. (3~5세 아동을 대상으로 한 로르샤흐테스트의 결과를 보면 자발성을 지키려는 아이들의 노력이 아동과 성인 권위자의 주요 갈등 원인이다. A. Hartoch, 1956을 참고.)

물론 교육의 원래 목적이 아동의 내적 독립과 개성, 성장과 온전함을 촉진하는 것이라면 이런 교육이 반드시 자발성을 억압하는 것은 아니다. 이런 식의 교육이 자라나는 아이들에게 가할 수밖에 없는 제약은 일시적 조치에 불과하며, 아이들의 성장과 발전 과정에 도움이 된다.

하지만 우리 문화에서는 교육이 빈번하게 자발성의 말살로 이어진다. 그래서 독창적인 정신 활동들이 다른 종류의 감정, 생각, 소망으로 뒤덮인다. (여기서 '독창적'이라는 말은 어떤 생각을 그전에 다른 누구도 해본 적 없다는 뜻이 아니라 그 생각의 기원이 그 사람이라는 의미이다. 그 생각이 그의 활동, 그의 생각에서 나왔다는 의미임을 강조하고 싶다.)

약간 자의적이지만 거부감과 적대감 같은 감정들이 아주 일찍부터 억압된다는 사실에서 한 가지 예를 찾을 수 있다.

일단 대부분의 아이들은 주변 세계와의 갈등을 통해 일정 정도의 적대감과 반항심을 표출한다. 주변 세계가 아이의 팽창 욕구를 저지하려 하고, 아이들은 보통 — 더 힘이 약한 존재이기에 — 순응할 수밖에 없다.

교육과정의 가장 중요한 목표 중 하나가 이런 적대적 충동의 제거이다. 아이에게 공포를 조장하는 위협과 처벌에서부터 아이에게 혼란을 유발하여 적대감을 포기하게 만드는 '매수'나 '설명' 같은 더 교묘한 방법에 이르기까지 다양한 방법이 동원된다. 그러면 아이는 더는 자기 감정을 드러내놓고 표현하지 않다가 결국에는 그 감정을 느끼는 것을 아예 포기한다.

게다가 어른들은 타인의 적대감과 거짓을 인식하지 말라고 가르친다. 물론 쉬운 일은 아니다. 아이들은 타인에게서 부정적 속성을 감지하는 능력이 있고, 어른들과 달리 말에 쉽게 속아 넘어가지 않기 때문이다. 아이들이 '별 이유도 없이' — 그들이 뿜어내는 적대감이나 거짓을 아이들이 알아챈다는 아주 타당한 근거를 제외하면 — 싫어하는 사람들이 있다. 어른들은 아이들에게서 이런 반응을 몰아낸다. 아이가 평균 성인의 '성숙도'에 도달하여 예의 바른 인간과 악당을 구분하는 타고난 능력을 상실하기까지는 그리 오랜 시간이 걸리지 않는다. 결국 아이들도 악당이 만천하에 드러난 범행을 저지르지 않으면 악당을 찾아내지 못한다.

또 한편으로 교육은 아주 일찍부터 아이들에게 결코 '자기의 것'이 아닌 감정을 느끼도록 가르친다. 특히 사람들을 사랑하라고, 무비판적으로 친절하며 미소를 지으라고 가르친다. 그래도 미처 교육이 다 하지 못한 것이 있으면 나중에 사회적 압력이 해결해 준다. 웃지 않으면 다른 사람들 눈에 '상냥한 사람'이 아니다. 웨이트리스, 세일즈맨, 의사가 되어 서비스를 팔려면 상냥한 사람이 되어야 한다. 육체노동 말고는 팔 것이 없는 사회 피라미드의 맨 밑바닥 사람들과 제일 꼭대기 사람들만이 특별히 '상냥할' 필요가 없다. 친절과 명랑, 그밖에 미소가 표현할 수 있는 모든 것은 전기 스위치처럼 켜고 끄는 자동 반응이 된다.

물론 그것이 그냥 제스처에 불과하다는 것을 알아차릴 때가 많다. 하지만 대부분은 분명히 깨닫지 못하고, 가짜 감정과 자발적 친절을 구분하는 법도 잃어버린다.

적대감만 겉으로 표출하지 못하도록 억압하는 것이 아니다. 진짜 친절 역시 가짜 감정으로 대체되면서 말살된다. 그것 말고도 역시나 억압되어 가짜 감정으로 대체되는 일련의 자발적 감정들이 더 있다. 프로이트는 이런 억압 가운데 하나인 성욕의 억압을 사상의 체계적 중심으로 삼았다. 물론 나는 성욕의 억압이 가장 중요한 자발적 반응의 억압은 아니라고 생각하지만 그 의미를 과소평가할 수는 없다. 성욕의 억압은 의심의 여지없이 성적 장애를 낳고, 강박적 성격을 띠게 되어 술이나 마약처럼 특별히 즐기지도 못하면서 그저 자신을 잊기 위해 소비된다. 성욕의 강도에 따라 그 억압은 성적인 영역에만 영향을 미치는 것이 아니라 다른 모든 영역에서 자발적 반응의 용기를 꺾는다.

우리 사회에서는 일반적으로 감정을 중요하게 생각하지 않는다. 분명 창의적 사고는 — 다른 창의적 활동과 마찬가지로 — 감정과 떼려야 뗄 수 없는 관계이지만 감정 없이 생각하고 생활하는 것이 이상적인 태도가 되어버렸다. '감정적'이라는 말은 불균형과 같은 뜻이 되었고, 심지어 정신 장애의 뜻으로 해석된다. 이 기준을 받아들이는 사람은 심하게 허약해질 것이다. 그의 사고는 빈곤해지고 단조로워질 것이다. 하지만 감정은 완전히 말살되는 것이 아니기에 인격의 지적 측면과 완전히 분리되어 존재할 수밖에 없다. 그 결과는 싸구려 가짜 감상이고, 그것을 이용해 영화와 대중가요가 감정에 굶주린 수백만의 마음을 어루만진다.

내가 특별히 언급하고 싶은 또 하나의 금지된 감정이 있다. 그 억압이 저 깊은 곳 인격의 뿌리를 건드리기 때문이다. 바로 비극의 감정이다. 죽음과 삶의 비극적 측면의 자각은 확실하건 그렇지 않건 인간의 기본 특성 중 하나이다. 모든 문화는 각자의 방식으로 죽음에 대처한다. 개성화 과정이 많이 진행되지 않은 사회에서는 개별 존재의 종말이 그다지 문제가 되지 않는다. 개별 존재의 경험 자체가 아직 크게 발달하지 않았기 때문이다. 그래서 죽음을 삶과 근본적으로 분리되는 것으로 파악하지 않는다. 하지만 개성화가 이미 높은 단계에 도달한 문화는 각자의 심리 및 사회 질서에 따라 죽음을 취급한다.

그리스 사람들은 삶에 역점을 두었기에 죽음을 삶의 그림자 같은 연장으로만 생각했다. 이집트인들은 신체의 불멸, 적어도 살아 있는 동안 권력을 가졌던 사람들의 불멸을 믿었다. 유대인들은 죽음을 현실적인 방식으로 인식하고, 언젠가 이 세상에서 도달하게 될 행복과 정의의 비전으로 개인의 삶이 끝났다는 생각을 감내하였다. 기독교는 죽음을 비현실적인 것으로 만들었고 죽음 후의 삶을 약속함으로써 불행한 사람들을 위로하려 노력했다.

우리 시대는 죽음을 아주 간단하게 부인함으로써 삶의 기본적 측면을 부정한다. 고통과 죽음을 피할 수 없다는 자각을 삶의 가장 강한 동력으로, 인간적 연대의 토대로, 기쁨과 열정에 강도와 깊이를 선사하는 경험으로 만드는 대신 이런 경험을 억압하라고 강요한다. 하지만 항상 그렇듯 억압하여 보이지 않는 곳으로 치웠다고 해서 존재하지 않는 것은 아니다. 죽음에 대한 공포 역시 비합법적으로 존재한다. 우리는 부인하려 애쓰지만 죽음의 공포는 생생하게 살아남는다. 하지만 억압되었기 때문에 번식력은 없다. 다른 경험들의 깊이가 부족하고, 우리의 삶이 불안하고 초조한 것은 다 이런 이유 때문이다. 나는 미국인들이 장례에 막대한 비용을 쏟아붓는 것도 이 때문이라고 생각한다.

감정의 터부화 과정에서 현대 정신의학은 이중의 역할을 한다. 한편으로는 정신의학의 대표자 격인 프로이트가 인간 정신의 합목적적이고 합리적인 특성이라는 허구를 깨고 인간 열정의 심연을 들여다볼 수 있는 길을 닦았다. 하지만 이런 프로이트의 업적을 통해 풍요로워진 정신의학이 인격을 조종하는 일반적 경향의 시녀가 되었다.

많은 정신의학자들은 ― 정신분석학자들 역시 ― 결코 너무 슬프거나 너무 분노하거나 너무 흥분하지 않는 '정상적' 인격의 이미지를 만들었다. 이들은 '유아적' 혹은 '신경증'과 같은 단어를 이용해 '정상'인의 전통적 모델에 맞지 않는 인성 유형이나 특징들을 비난하였다. 이런 식의 영향은 대놓고 욕을 하는 예전 방식보다 더 위험할지 모른다. 예전에는 비난을 받는 사람이 자신을 거부하는 어떤 사람 혹은 견해가 존재한다는 사실은 알고 그에 반격할 수 있었다. 하지만 과연 누가 '과학'에 저항할 수 있겠는가?

우리의 느낌과 감정 못지않게 독창적 사고 역시 왜곡된다. 처음부터 우리의 교육은 아이의 독자적 사고를 막고 아이의 머리에 완성된 생각을 심는 것을 목표로 한다. 그 방법이 어린아이에게서 어떻게 작동하는지는 아주 쉽게 관찰할 수 있다. 아이는 세상을 향한 호기심이 가득한 손으로, 이성으로 세상을 파악하고자 한다. 아이들은 진리를 알고 싶어 한다. 그것이 낯설고 거대한 세상에서 방향을 잡는 가장 확실한 길이기 때문이다.

그러나 어른들은 그들을 진지하게 대하지 않는다. 대놓고

경멸을 하건 (어린아이, 노인, 병자처럼) 힘없는 모든 이들에게 하듯 교묘하게 무시를 하건 방식은 중요하지 않다. 이런 취급만으로도 이미 독자적 사고의 용기는 상당히 꺾이고 만다. 그보다 더 심한 문제도 있다. 보통의 성인이 어린아이를 대하는 전형적인 태도, 즉 거짓 — 고의가 아닌 경우라고 해도 — 이 바로 그것이다.

거짓은 어른들이 아이에게 전달하는 허구적인 세계의 모습과도 일부 관련이 있다. 사하라사막을 탐험하려면 어떤 준비가 필요한지 묻는 사람에게 북극 생활의 정보를 알려주는 것만큼이나 아무짝에도 쓸모가 없다. 매우 일반적으로 행해지는, 세상을 그릇되게 설명하는 것 말고도 많은 특수한 거짓들이 더 있다. 어른들은 여러 가지 개인적인 이유를 들먹이며 아이에게 알리고 싶지 않은 사실을 숨기려 노력한다. 어른의 우울한 기분은 아이의 행동 탓으로 돌려지고, 부모의 성관계나 다툼에 대해서는 "아이는 알 필요가 없다."고 말하며, 이에 대해 알려고 들 때 아이에게 돌아오는 것은 짜증이 섞였거나 우아한 거부뿐이다.

이렇게 모든 준비를 마친 아이는 학교에 들어가고 어쩌면 대학에도 입학할 것이다. 하지만 잠깐 시간을 내어 아이가 독자적 사고를 할 용기를 내지 못하게 만드는 오늘날의 교육과정 몇 가지를 더 살피고 넘어가기로 하자. 예를 들면 오늘날에는 사실 — 더 정확히 말해 정보 — 의 습득에 과도한 가치를 부여한다. 점점 더 많은 사실들만 기억하면 결국에는 진리를 깨닫게 될 것이라는 비장한 미신을 섬긴다. 상호 연관 없이 이리저리 흩어진 수많은 개별 지식들을 학생들에게 주입시킨다. 학생들의 시간과 에너지가 점점 더 많은 사실을 배우는 데 쓰이기 때문에 정작 사고를 할 시간은 거의 남지 않는다. 물론 사실의 습득이 없는 사고는 공허하고 허구일 뿐이다. 하지만 '정보'만으로는 너무 적은 정보와 마찬가지로 사고를 가로막는 걸림돌이 될 수 있다.

그것과 아주 가까운, 독자적 사고의 용기를 앗아가는 또 다른 방법은 모든 진리의 상대화이다. 우리 시대의 '진보' 사상가들은 진리를 형이상학적 개념으로 보면서 그것을 탐구하겠다는 사람을 시대에 뒤떨어진 사람 취급한다. 그들은 진리는 철저하게 주관적인 사안이며 취향의 문제라고 설명한다. 학문 연구는 모든 주관적 요인을 배제해야 하며, 열정과 이해관계를 버리고 목표를 추구해야 한다. 학자는 외과의가 환자를 대하듯 무균의 손으로 사실에 접근해야 한다. 경험주의나 실증주의를 사칭하거나, 항상 구체적 개념을 사용한다고 떠벌리는 상대주의는 사고의 본질적인 매력을 앗아간다. 즉, 사고하는 사람의 소망과 이해를 앗아가는 것이다. 그 결과 사고는 '사실'을 기록하는 기계가 된다. 하지만 사고가 물질적 삶을 지배하려는 욕망에서 나왔듯 진리에 대한 추구 역시 개인과 사회집단의 이해관계와 욕망에 뿌리를 둔다. 이런 이해관계가 없다면 진리 추구의 매력도 사라진다.

진리를 통해 이익을 얻는 집단이 있다. 그 대표가 인간 사상의 선구자들이다. 하지만 진리를 숨김으로써 이익을 추구하는 집단도 있다. 학자의 이해관계가 진리 추구에 해가 되는 경우이다. 따라서 이해관계가 걸려 있느냐 아니냐가 중요한 것이 아니라 그 이해관계가 어떤 종류인지가 중요하다.

나는 모든 인간 존재는 어떻게든 진리를 갈망한다고 생각한다. 우리 모두에게는 진리에 대한 욕망이 있기 때문이다. 이는 외부 세계에서 방향을 찾기 위해서도 필요하다. 특히 어린아이의 경우 더욱 그렇다. 어릴 적에는 누구나 힘없는 단계를 거친다. 진리는 힘없는 사람들의 가장 강력한 무기 중 하나이다. 하지만 진리는 외부 세계에서 방향을 잡는 데에만 중요한 것이 아니다. 인간 내면의 강인함은 자신에 대한 진리를 아는지의 여부에 크게 좌우되기 때문이다. 자신에 대한 환상은 지팡이와 같다. 걷지 못하는 사람에게 도움은 되지만 그를 더 약하게 만들 뿐이다. 인간은 자신의 인격을 온전하게 완성할수록, 다시 말해 '자신을 잘 꿰뚫어볼수록' 더 강해진다. "너 자신을 알라." 이것은 인간의 힘과 행복을 목표로 하는 기본 계명이다.

이미 언급한 요인들 말고도 독자적 사고의 마지막 능력마저 제거하는 다른 요인들이 있다. 개인의 삶과 사회생활의 기본 문제, 즉 모든 심리적, 경제적, 정치적, 도덕적 문제를 고려한다면 우리 문화의 큰 부문은 하나의 기능 — 중요한 것을 가리는 것 — 밖에 없다. 문제가 너무 복잡해서 보통 사람은 이해할 수 없다는 주장은 연막에 불과하다. 내가 보기에는 개인과 사회의 기본 문제 대다수는 누구나 이해할 수 있을 만큼 간단하다. 이런 문제가 너무나도 복잡해서 그 분야의 '전문가'만이 이해할 수 있다고 주장한다면 그것은 실제로 중요한 문제에서 자신의 사고력을 믿고자 하는 용기를 — 심지어 의도적으로 — 빼앗기 위한 것이다. 그렇게 되면 개인은 뒤죽박죽이 된 엄청난 양의 데이터 앞에서 망연자실하면서 전문가가 어떻게 할지, 어떤 길로 갈지 알려줄 때까지 무기력하게 기다릴 것이다.

그 결과는 두 가지이다. 일단은 말이나 글로 표현된 모든 것에 회의적이고 냉소적인 자세를 취하게 된다. 그러면서도 다른 한편으로 권위자가 말한 모든 것에 유아적인 믿음을 갖게 된다. 냉소주의와 순진함의 결합은 현대인의 가장 큰 특징이다. 그 결과 현대인은 자신의 사고를 하며 결단을 내릴 용기를 잃게 된다.

질서정연한 세계의 모습이 모조리 파괴되면 비판적 사고의 능력도 마비된다. 질서정연한 전체의 일부로서의 특수한 성질을 잃고 추상적이고 수량적인 의미만 갖게 된다. 모든 사실은 거듭 또 다른 사실일 뿐이고, 결국 우리가 더 많이 혹은 조금 덜 아느냐가 관건이 된다.

방송, 영화, 언론이 무서운 영향력을 행사한다. 어떤 도시가 폭격을 당해 수백만 명이 죽었다는 뉴스를 전달할 때도 그들은 사이사이 아무런 수치심도 없이 비누나 포도주 광고를 끼워넣는다. 의미심장하고 매력적이며 권위적인 목소리로 정치 상황의 심각성을 알리던 앵커가 똑같은 목소리로 광고비를 방송사에 지불한 특정 세제를 사라고 시청자들을 설득한다. 격침당한 배의 영상이 사라지자마자 화면에 패션쇼

장면이 등장한다. 과학적, 예술적으로 중요한 사건을 보도하던 신문들은 똑같은 지면에 똑같은 진지함으로 신인 연기자의 멍청한 생각과 식습관을 보도한다.

이 모든 이유에서 우리는 우리가 듣는 것과 더 이상 진정한 관계를 맺지 못한다. 우리는 더 이상 우리의 감정과 비판적 판단력의 훼손에 흥분하지 않으며, 이 세상에서 일어나는 일에 점점 더 무관심해진다. 삶은 '자유'의 이름으로 일체의 질서를 상실한다. 삶은 수많은 조각으로 이루어져 있으며 우리는 전체에 대한 감각을 상실한다. 개인은 퍼즐을 앞에 둔 아이처럼 이 조각들 앞에 앉아 있다. 아이들은 집이 무엇인지 알기 때문에 가지고 노는 조각을 집의 일부로 인식할 수 있지만 성인들은 조각들이 만들어낼 '전체'의 의미를 더 이상 알지 못하기에 혼란스럽고 겁에 질린 표정으로 무의미한 조각들을 바라본다.

'독창성'의 결핍은 감정과 사고뿐 아니라 소망에도 해당된다. 무엇을 바라는지 알아내기는 특별히 힘겹다. 현대인들은—무언가 있기는 하다면—너무 바라는 것이 많고, 그것이 무엇인지도 알지만, 모조리 다 가질 수는 없다고 여기는 것이 문제다.

우리는 모든 에너지를 가지고 싶은 것을 갖는 데 쏟는다. 그런 행동의 전제에 대해서는 단 한 번도 묻지 않는다. 전제 조건은 진짜로 원하는 것이 무엇인지를 아는 것이다. 현대인은 자신이 추구하는 것이 정말로 스스로 원하는 것인지를 고민할 시간을 내지 않는다. 학교에 다닐 때는 좋은 성적을 받고 싶고, 어른이 되어서는 성공의 사다리에 더 높이 오르고 싶고, 돈을 벌고 명성을 얻고 싶고, 더 좋은 차를 사고 여행을 하고 싶다.

하지만 한 번씩 이런 악착같은 노력을 멈출 때면 의문이 밀려들지도 모른다. "정말로 그 자리에 오르면, 더 좋은 차를 사면, 이 여행을 할 수 있으면 그다음에는? 이 모든 것이 다 무슨 소용일까? 이 모든 것을 원하는 사람이 정말 나일까? 행복해질 것이라고 다들 말하지만 이루고 나면 허망해질 목표를 좇아 달리는 것은 아닐까?" 이런 질문이 떠오르면 사람들은 소스라치게 놀란다. 이 질문이 한 인간의 모든 활동, 즉 그가 원하는 것의 관념을 떠받치는 기틀에 의혹을 제기하기 때문이다. 그래서 그런 불안을 조장하는 생각은 최대한 빨리 떨쳐버리려 노력한다. 그런 의문으로 괴로운 것은 그저 피곤하거나 기분이 울적하기 때문이라고 여기고 원래 자기 것이라 여기는 목표를 계속해서 좇아간다.

이 모두는 진리의 관념이 모호하다는 증거이다. 현대인은 자신이 원하는 것을 잘 알고 있다는 착각 속에 살지만 실제로는 타인의 관점에서 볼 때 그가 원하는 게 마땅한 것만 원한다. 그 사실을 깨닫기 위해서는 자신이 실제로 원하는 것이 무엇인지를 알기가 — 대부분의 사람들이 생각하듯 — 그렇게 간단하지 않다는 사실을 깨우쳐야 한다. 이는 인간이 해결해야 할 가장 까다로운 문제 중 하나이다. 완제품으로 제공된 목표를 우리의 것처럼 받아들임으로써 우리가 악착같이 회피하려는 바로 그 과제인 것이다.

현대인은 모두가 '자신의' 목표라고 우기는 그 목표에 도달하기 위해 엄청난 모험도 감수할 각오가 되어 있다. 하지만 위험과 책임을 감수하고 자기 자신의 목표를 정하는 데에는 심각한 공포를 느낀다. 혼신을 다하는 것이야말로 자신의 행동을 스스로 결정한다는 증거라는 착각에 빠지는 경우도 드물지 않다.

물론 우리는 그것이 배우나 최면에 걸린 사람의 행동보다 비자발적일 수 있다는 사실을 잘 알고 있다. 역할이 분배되면 모든 배우는 열심히 자기 역할을 연기한다. 대본이나 세

부적인 연기를 살짝 고쳐 즉흥적인 연기를 할 수도 있지만 어쨌든 그에게 맡겨진 역할만 연기할 뿐이다.

우리의 소망이 — 우리의 생각과 느낌 역시 — 어느 정도까지 진짜 우리의 소망이 아니라 외부에서 주어진 것인지를 깨닫기가 이렇게나 힘든 것은 권위와 자유의 문제와 밀접한 관련이 있다. 현대의 역사를 거치면서 교회의 권위는 국가의 권위에 자리를 내주었고 국가의 권위는 양심의 권위에게 자리를 물려주었다. 우리가 사는 지금 이 시대에는 양심의 권위가 건강한 인간 이성과 여론이라는 익명의 권위로 대체되었고, 결과적으로 순응에 도달하였다. 공개적 형태의 낡은 권위를 벗어던진 우리는 우리가 새로운 종류의 권위에 희생되었다는 사실을 깨닫지 못한다. 우리는 순응주의자가 되었지만 스스로가 의지를 가진 개인이라는 착각 속에서 산다. 이런 착각은 개인이 자신의 불안을 자각하지 못하도록 도와주기는 하지만, 줄 수 있는 도움은 거기까지다. 근본적으로 자아가 너무 허약해졌기 때문에 인간은 무력한 느낌, 극도의 불안감에 시달린다. 더 이상 진정한 관계를 맺지 못하고 모든 것이 도구화된 세상에 살다 보니 인간도 자기 손으로 만든 기계의 일부처럼 되어버렸다. 인간은 타인이 그에게 기대하는 것을 생각하고 느끼고 원하며, 그르느라 자유로운 인간의 진짜 확신의 근거가 될 자아를 상실했다.

자아의 상실은 타인에게 순응해야 할 필요를 더욱 키웠지만 자신의 정체성에 대한 깊은 회의를 낳는다. 나라는 존재가 타인이 나에게 기대하는 존재에 불과하다면 나는 과연 누구인가? 자기 자아에 대한 의혹은 개인이 확고한 질서에서 확실한 자리를 차지하였던 중세의 세계가 붕괴되면서 시작되었다. 개인의 정체성은 데카르트 이후 현대 철학의 주요 문제이다.

오늘날에는 내가 나인 것이 당연하다고 생각한다. 그럼에도 나에 대한 의혹은 계속되거나 심지어 더 커졌다. 루이지 피란델로는 이런 현대인의 감정을 자신의 작품에서 잘 표현하였다. 그는 이런 질문으로 출발한다. 나는 누구일까? 내 신체적 자아가 지속된다는 것 말고 내 정체성을 입증할 어떤 다른 증거가 있을까? 개인의 자아를 긍정한 데카르트와 달리 그의 대답은 자아의 부정이다. 내게는 정체성이 없다. 타인이 나에게 기대하는 것의 거울상을 빼면 자아란 없다. 나는 '네가 원하는 나'일 뿐이다.

이처럼 정체성이 상실되면 순응이 더욱 시급해진다. 타인의 기대에 부응할 때에만 자신을 확신할 수 있다는 의미다. 타인의 생각에 부합하지 않으면 비난을 받아 더욱 고립될 위험에 처할 뿐 아니라 인격의 정체성을 상실하여 정신적 건강이 위태로워질 수도 있다.

타인의 기대에 순응하고, 그들과 우리를 구분하지 않는다면 우리는 정체성에 대한 이런 회의를 침묵시키고 어느 정도의 확신을 얻는다. 하지만 그 대가는 크다. 자발성과 개성을 포기하면 삶은 좌절한다. 그들은 생물학적으로 아직 살아 있지만 그의 감정이나 영혼은 이미 죽었다. 계속 움직이긴 하지만 생명은 모래처럼 손가락 사이로 빠져나간다.

만족과 낙관론의 무대 뒤편에서 오늘날의 인간은 죽도록 불행하다. 실제로 그는 절망의 끝에 서 있다. 절망의 심정으로 개성이란 것을 붙들고 늘어진다. '다르고' 싶고 어떤 것을 '다르다'고 말하는 것보다 더 큰 칭찬을 알지 못한다.

우리는 우리에게 차표를 파는 창구 직원의 이름을 안다. 핸드백과 카드와 휴대용 라디오에 주인의 이니셜을 새겨 '특별하게 만든다.' 이 모든 것은 '다름'에 굶주렸다는 증거이며 우리에게 남은 개성의 마지막 흔적이다. 오늘날의 인간은 삶에 굶주려 있다. 하지만 순응주의자이기에 삶을 자발적으로 경험할 수 없고, 자극과 스릴의 형태를 띤 대용품을 움켜잡는다. 술과 스포츠가 주는 스릴이나 스크린의 허구적 인물을 통해 경험하는 스릴 말이다.

인간은 자신의 인격을
시장에 내다 판다

05

선
생
님
.
진
짜
성
공
이
뭘
까
요
.

인간의 자긍심은 그의 성공에 달려 있다. 그가 이윤을 남기고
자신을 판매할 수 있느냐, 경력의 출발 시점보다 더 많은 것을 이루었느냐,
한마디로 그가 '성공했느냐'에 달려 있다.

현대인의 행동 동기인 '자아'는 사회적 자아다. 타인이 그에게 기대하는 바에 따라 연기를 하는, 그가 맡은 객관적 기능의 주관적 위장과 본질적으로 일치하는 자아다. 현대의 이기심은 사회적 자아를 대상으로 삼는 탐욕이며, 이는 진정한 자아의 좌절에 그 원인이 있다. 실제 현대인의 자아는 너무 허약해져서 전체 자아의 조각이 되었다. 다시 말해 — 전인격의 다른 모든 요인은 배제한 채 — 지성과 의지력으로만 남은 것이다.

혹시 자연 지배의 증가가 개인의 자아를 더 강화하지는 않았을까 물을 수도 있겠다. 일정 정도까지는 그렇다. 이는 개인 성장의 긍정적 측면이고, 우리는 당연히 그 측면을 계속 추진하고 싶을 것이다. 하지만 자연 지배의 방법을 상당 수준까지 배웠다 하더라도 사회는 자신이 창조한 힘들을 통제하지 못한다. 기계적 측면의 생산 시스템의 합리성은 사회적 측면에서 생산 시스템이 보여주는 비합리성과 손을 맞잡고 걸어간다. 경제 위기, 실업, 전쟁이 인간의 운명을 좌우한다.

인간은 자신의 세계를 구축하였고 공장과 집을 지었으며 자동차와 직물을 생산하고 곡식과 과일을 수확했다. 하지만 자기 손으로 만든 결과물로부터 소외되었고, 자신이 지은 세계를 더 이상 지배하지 못한다. 인간이 창조한 이 세계가 인간의 주인이 되었다. 인간은 그 주인에게 허리를 굽히고 그를 최대한 조작하기 위해 애를 쓴다. 직접 만든 작품이 자신의 신이 되어버린 것이다. 인간은 여전히 세계의 중심이라는 착각에 빠져 있지만, 옛날 그의 조상들이 신을 생각하며 느꼈던 바로 그 강도 높은 무의미함과 무기력의 감정이 그를 사로잡고 있다.

현대인이 느끼는 고립과 무기력의 감정은 인간관계를 통해 더 강화된다. 인간은 서로를 조종하고 서로를 목적을 위한 도구로 취급하며 서로에게 무관심하다. 모든 개인적 관계와 사회적 관계에서 시장 법칙이 통한다. 경제적 과제를 수행하려면 서로 싸우고 필요할 경우 서로를 경제적으로 파멸시키는 짓까지도 서슴지 않는다.

무관심은 피고용인과 고용주의 관계에서도 나타난다. '고용주'를 의미하는 영어 단어(employer의 employ는 '사용하다'라는 의미이다.)가 모든 것을 말해준다. 자본가는 다른 인간 존재를 기계처럼 사용한다. 피고용인과 고용주는 자신의 경제적 이익을 달성하기 위해 서로를 이용한다. 이 관계는 양쪽 모두가 목적을 위한 수단이다. 서로에게서 이익을 취한다는 사실만 빼면 서로에게 무관심하다.

상인과 고객의 관계 역시 도구적이다. 상인의 입장에서 고객은 조종할 대상이다. 노동을 대하는 태도 역시 같다. 중세의 소공업자들과 달리 현대의 공장주는 자신이 생산하는 물품에 관심이 없다. 그가 가장 원하는 것은 투자한 자본이 이익을 올리는 것이다. 그때그때 무엇을 생산하느냐는 본질적으로 그 업계의 시장이 지금 이윤을 약속하느냐에 달려 있다.

인간 상호관계도 마찬가지로 소외되어 있다. 마치 인간과의 관계가 아니라 사물과의 관계인 것 같다. 하지만 이런 도구화와 소외가 가장 치명적인 악영향을 미치는 곳은 자아와의 관계다. (헤겔과 마르크스는 소외 문제를 이해할 수 있는 기틀을 다졌다. 특히 마르크스의 '상품물신주의Warenfetischismus'와 '노동의 소외Entfremdung der Arbeit' 개념을 참조하면 좋다.)

인간은 상품뿐 아니라 자기 자신도 팔면서 스스로를 상품으로 느낀다. 육체노동자는 육체의 힘을 팔고 상인과 의사, 사무직 노동자는 자신의 '인격'을 판다. 생산물이나 서비스를 판매하려면 '하나의 인격'이 되어야만 한다. 이 인격은 상냥해야 하지만 인격의 주인은 그것 말고도 여러 가지 다른 기대들을 더 충족시켜야 한다. 에너지와 솔선수범의 정신도 갖추어야 하고 그밖에 그의 특수한 위치가 요구하는 것들도 구비해야 한다.

다른 상품들도 마찬가지겠지만 여기서도 이런 인간의 속성이 가진 가치는 시장이 결정한다. 심지어 그 속성의 존재까지도 시장이 결정한다. 한 인간이 제공할 수 있는 속성에 대해 수요가 없을 경우 그 속성은 없는 것과 마찬가지이다. 팔리지 않는 상품은 사용가치가 있다고 해도 무가치한 것과 같은 이치다. 따라서 '자신감', '자존감' 역시 타인들이 그에 대해 어떤 생각을 하는지를 보여주는 암시에 불과하다. 인기나 시장에서의 성공에 개의치 않고 자신의 가치를 확신하는 것은 '그'가 아니다. 수요가 있는 경우 그는 '누군가'이지만 인기가 없으면 그 누구도 아니다. 이렇듯 인격의 성공 여부에 자존감이 달려 있으므로 현대인에게 인기는 엄청난 의미를 갖는다. 실생활에서 남보다 앞서가느냐는 물론이고, 자존감을 지킬 수 있을지 혹은 열등감의 나락으로 굴러떨어질지도 그 인기에 좌우된다. (…)

우리 시대를 사는 개인의 무의미성은 상인, 사무직 노동자, 육체노동자로서의 역할뿐 아니라 고객으로서의 역할과도 관련이 있다. 고객의 역할도 지난 몇십 년 동안 급격한 변화를 겪었다. 자영업자의 작은 가게에 들어간 고객은 주인이 그에게 개인적인 관심을 보일 것이라 확신했다. 그가 구매하는 물건은 가게 주인에게 중요했다. 그는 중요한 사람처럼 환대를 받았고 주인은 그에게 원하는 바를 물었다. 물건을 구매하면 중요하고 품위 있는 인간이 된 느낌을 받았다.

그러나 백화점과 고객의 관계는 얼마나 다른가. 백화점에 간 고객은 거대한 건물, 엄청난 숫자의 직원, 넘쳐나는 물건들에 압도당한다. 그리고 그 모든 것들과 비교할 때 자신은 하찮고 무의미하다는 느낌을 받는다. 백화점의 입장에서 보면 개인으로서의 그는 아무런 의미도 없다. 그는 그저 '한

명'의 고객으로서만 중요할 뿐이다. 물론 백화점은 그를 잃고 싶지 않다. 그를 잃는다는 것은 무언가 제대로 돌아가지 않는다는 신호이며, 같은 이유로 다른 고객들마저 잃을 수 있다는 신호이기 때문이다. 추상적 고객으로서 그는 중요하지만 구체적 고객으로서는 전혀 중요하지 않다. 그가 백화점에 발을 디딘다고 해도 그 누구도 기뻐하지 않으며 그 누구도 그의 소망에 특별한 관심을 보이지 않는다. 그가 물건을 산다 해도 그것은 우체국에 가서 우표를 사는 행위와 별반 다를 것이 없다.

이런 상황은 현대의 광고를 통해 더욱 심해진다. 과거 상인들의 상품 권유는 본질적으로 합리적이었다. 그들은 자신의 상품에 대해 잘 알았고 고객의 희망을 잘 알았으며 이를 기초로 무언가 팔려고 노력하였다. 물론 그의 주장 역시 완벽하게 객관적이지는 않았다. 당연히 그도 사력을 다해 고객을 설득했다. 설득이 먹히기를 바란다면 보다 합리적인 논리를 제시해야 했다. 하지만 오늘날의 광고는 대부분이 그렇지 않다. 이성이 아닌 감정에 호소한다. 이런 종류의 광고는 가능한 방법을 총동원하여 고객에게 깊은 인상을 심어주려 한다. 똑같은 문구를 무한 반복하고, 특정 상표의 담배를 피우는 상류층 여성이나 유명한 권투선수의 이미지를 방출하고, 여성의 성적 매력을 고객을 유혹하는 용도로 소모하며, 나쁜 체취나 입 냄새가 날지 모른다는 협박으로 겁을 준다. 또 특정 셔츠나 비누를 사면 갑자기 인생이 바뀔 수 있다는 환상을 심어주기도 한다. 이 모든 방법은 본질상 비합리적이다. 찬양하는 상품의 품질과는 아무 관련이 없고 아편이나 최면처럼 고객의 비판적 능력을 무디게 만들거나 제거할 뿐이다. 광고는 영화와 똑같이 백일몽을 자극하면서 일정한 수준의 만족을 주지만 동시에 자신이 별 볼 일 없고 무기력하다는 느낌도 강화시킨다. (…)

대부분의 사람들은 자기가 원하는 대로 자유롭게 생각하고 느끼고 행동하는 개체라고 생각한다. 물론 우리 중에도 자립적인 사람들이 있지만 대부분의 경우 자신이 자립적이라는 생각은 착각이다. 더 나아가 위험한 생각이다. 자립적이라는 생각이 이런 상황을 만든 조건을 제거하지 못하도록 방해하기 때문이다. (…)

'나는 느낀다', '나는 생각한다', '나는 원한다'고 표현하는 경험들의 의미를 분석해 보자. '나는 생각한다'라고 말할 때 우리는 그것이 명확하고 명료한 진실이라고 믿으며, 중요한 것은 내가 생각하는 것이 옳은가 그른가 하는 것이지 생각하는 사람이 나인지 아닌지는 중요하지 않다고 믿는다. 하지만 이 질문에 대한 대답이 우리 생각과 같지 않다는 것을 단번에 알 수 있게 하는 구체적인 최면 실험이 하나 있다.

최면술사 B가 피실험자 A에게 최면을 걸어 암시한다. 최면에서 깨어난 A가 이곳으로 올 때 원고를 가져왔다고 생각하게 될 것이며 갑자기 그것을 읽고 싶은 마음이 들 것이라고 말이다. 그렇지만 아무리 찾아도 원고는 보이지 않을 것이므로 A는 누가 훔쳐간 것으로 믿고 제3자인 C에게 무척 화를 낼 것이다. 그러나 A는 이 모든 것이 최면에 걸린 동안 최면술사 B가 그에게 암시한 내용이라는 사실을 기억하지 못한다. 지금껏 A는 C에게 한 번도 반감을 품어본 적이 없었고 정황상 C에게 화를 낼 이유도 전혀 없다. A는 실제로 원고를 가져오지 않았으니까 말이다.

이제 어떤 일이 일어날까? A는 최면에서 깨어나 어떤 주제에 대해 짧은 대화를 나눈 후 이렇게 말한다. "그 말을 들으니 내가 원고에 쓴 내용이 생각나는군요. 읽어줄게요." 그는 여기저기 살피지만 원고를 찾지 못하고, C가 원고를 훔쳐

갔다고 화를 낸다. 화의 수위는 점점 더 높아지고, C가 아니라고 부정하자 A는 폭발하여 C가 원고를 훔쳤다고 노골적으로 뒤집어씌운다. 그것이 끝이 아니다. A는 C가 도둑이라는 사실을 입증하기 위해 온갖 이유를 갖다 댄다. 얼마 전 다른 사람한테 들었는데 C가 그 원고가 꼭 필요하다고 했다더라, 그런데 마침 그것을 훔칠 좋은 기회가 생긴 거다 등등. A는 C에게 죄를 뒤집어씌울 뿐 아니라 자신의 주장이 신빙성 있게 들리도록 '합리화'를 만들어낸다. (물론 그중 어떤 것도 진실이 아니다. A도 그전에는 한 번도 그런 생각을 해본 적이 없을 것이다.)

이 순간 또 한 사람이 방으로 들어온다고 가정해 보자. 그 사람은 A가 자신이 생각하고 느낀 점을 말한다는 데에 전혀 의심을 품지 않을 것이다. 그가 품을 수 있는 단 하나의 의문은 A의 생각이 실제 사실과 일치하느냐 아니냐 하는 것이다. 하지만 전체 과정을 지켜본 우리로서는 그것이 관건이 아님을 잘 알고 있다. A가 느끼고 생각하는 것은 그의 생각과 느낌이 아니라 타인이 그의 머리에 심어놓은 외부의 요인임을 확신하고 있기 때문이다.

하지만 실험 중간에 들어온 사람은 이렇게 생각할 수 있다. "A는 자신이 이 모든 것을 생각했다고 확실히 말했다. 그가 무슨 생각을 하는지 가장 잘 아는 사람은 그일 것이며, 그의 말은 그의 생각을 입증하는 최고의 증거다. 하지만 다른 사람들은 그의 생각이 주입된 것이며, 외부에서 비롯된 요인이라고 말한다. 솔직히 말해 나는 누가 옳은지 판단할 수 없다. 양쪽 다 틀릴 수도 있다. 하지만 양쪽이 싸운다면 다수가 옳을 가능성이 더 크다."

하지만 전체 실험을 지켜본 우리는 이와 관련하여 추호의 의심도 품지 않는다. 중간에 들어온 사람도 다른 최면 실험을 경험해 본 적이 있다면 의심하지 않을 것이다. 이런 식의 실험이 피실험자와 내용을 바꿔가며 수없이 되풀이될 수 있다는 사실을 잘 알 테니 말이다. 최면술사는 피실험자에게 날감자가 파인애플이라고 암시할 수 있고, 그러면 피실험자는 날감자를 파인애플처럼 맛있게 먹을 것이다. 최면술사가 피실험자에게 아무것도 못 본다고 암시하면 피실험자는 앞을 보지 못할 것이다. 지구가 구체가 아니라 평평하다고 최면을 걸면 피실험자는 지구가 평평하다는 의견을 열렬히 변호할 것이다.

최면 실험 — 특히 최면에서 깨어난 후에 효과가 나타나는 최면 실험 — 은 무엇을 입증할까? 우리는 생각과 느낌, 소망은 물론 심지어 감각적 느낌까지도 주관적으로 우리 것이라고 느끼지만, 사실은 외부에서 주입된 것이고, 우리가 실제로 생각하고 느끼는 것이 아니라 근본적으로 남의 것일 수 있다는 것을 입증한다.

앞에서 소개했던 특수한 최면 실험은 우리에게 무엇을 보여주는가?

1. 피실험자는 무언가를 원한다. 즉, 원고를 읽고 싶다.

2. 피실험자는 무언가 생각을 한다. 즉, C가 원고를 가져갔다고 생각한다.

3. 피실험자는 무언가를 느낀다. 즉, C에 대한 분노를 느낀다.

우리는 이 세 가지 정신 활동 — 의지와 생각과 느낌 — 모두가 그 자신의 것이 아니라는 사실을 알고 있다. 그 모두는 그에게서 생겨난 것이 아니라 외부에서 주입되었다는 것, 그럼에도 그는 주관적으로 그것들이 자신의 것이라고 느낀다는 사실을 알고 있다. 그는 최면에 걸린 동안 주입되지 않았던 여러 가지 생각들도 주장한다. C가 원고를 훔쳤다는 자신의 추측을 '설명'하기 위한 '합리화'인 것이다. 그럼에도 그

것은 형식적으로만 그 자신의 생각이다. 겉보기에는 그 생각들이 그의 의심을 설명하는 것 같지만 의심이 먼저였고 그것을 합리화하는 생각들은 그 감정을 그럴듯하게 만들기 위해 지어낸 것일 뿐이라는 사실을 우리는 알고 있다. 그것들은 진짜 이유가 아닌 나중에 떠오른 생각이다.

이렇게 최면 실험을 먼저 거론한 이유는, 인간은 자신의 정신 활동이 자발적이라고 확신할 수 있겠지만 알고 보면 그것은 특정한 조건에서 다른 사람이 그에게 주입한 것일 수도 있다는 사실을 이 실험이 명확히 보여주기 때문이다. 이런 현상은 최면 상황에서만 발견되는 것이 아니다. 우리의 사고, 감정, 의지의 내용이 외부에서 주어진 것이며 진실로 우리의 것이 아닌 경우가 다반사이기 때문에 우리는 이런 가짜 활동이 일반적이고, 진짜 정신 활동 혹은 타고난 정신 활동은 예외라는 인상마저 받게 된다.

사고에서 드러나는 가짜 성격은 의지나 감정의 영역에서 나타나는 동일한 현상보다 더 많이 알려져 있다. 따라서 사고와 감정과 의지 중 먼저 진짜 사고와 가짜 사고의 차이부터 다루는 것이 제일 좋겠다. 우리가 어떤 섬에 있다고 가정하자. 그 섬에는 어부들이 살고 있고 도시에서 온 피서객들도 머물고 있다. 우리는 날씨가 궁금하여 어부 한 사람과 도시에서 온 피서객 두 명에게 날씨를 물어본다. 우리는 그들이 모두 라디오를 통해 일기예보를 들었다는 사실을 알고 있다.

우리가 묻기 전에는 날씨에 대해 별 생각이 없었던 어부는 날씨에 의존하며 살았던 오랜 경험을 바탕으로 고민을 시작할 것이다. 바람의 방향과 기온, 습도 등등이 일기예보의 기초로서 어떤 의미를 갖는지 잘 알기에 어부는 다양한 요인을 비교하고 검토하여 상당히 확실한 판단을 내릴 것이다. 어쩌면 라디오에서 들은 일기예보를 떠올리고 그것이 자신의 생각과 같은지 다른지도 언급할 것이다. 예보가 자기 생각과 다르다면 특별히 공을 들여 자기 의견의 근거들을 따져볼 것이다. 하지만 그가 우리에게 전달하는 것은 ― 이 지점이 중요하다 ― 그의 의견이다. 그의 생각이 낳은 결과다.

두 피서객 중 첫 번째 사람은 날씨에 대해서는 별로 아는 바가 없고 굳이 많이 알아야 할 필요도 없다고 생각하는 사람이다. 그래서 그는 이렇게 말한다. "라디오를 들었는데, 일기예보에서 이렇게 말했어요."

또 한 사람의 피서객은 다른 유형이다. 그는 실제로는 별로 아는 것이 없으면서도 날씨에 대해 정확히 알고 있다고 생각한다. 그는 잠깐 생각에 잠겼다가 우리에게 '그의' 의견을 말하지만, 사실 그것은 라디오의 일기예보와 일치한다. 우리가 그에게 어떻게 해서 그런 생각을 하게 되었느냐고 물었더니 그는 바람의 방향, 기온 등을 보고 자신이 그런 결론을 내렸다고 말한다. 겉으로 보면 이 남자의 태도는 어부의 태도와 다를 바 없다. 하지만 그의 대답을 조금 더 자세히 분석하면 그가 라디오의 일기예보를 듣고 받아들인 것이라는 사실이 밝혀진다. 하지만 그는 그것이 자신의 의견이 분명하다고 느끼기 때문에 자신이 권위자의 의견을 그냥 반복할 뿐이라는 사실을 잊고, 자신이 고민해서 그런 결론에 도달했다고 확신한다. 그는 주어진 상황을 근거로 스스로 의견을 형성했다고 착각한다. 실제 그가 제시한 근거들은 가짜 근거들에 불과하다. 그가 스스로의 고민을 거쳐 자신의 의견에 도달했다는 인상을 일깨우는 데 기여하는 가짜 근거들인 것이다. 그는 스스로 자신의 의견을 형성했다고 착각하지만 실제 그는 권위자의 의견을 받아들였을 뿐이며, 그 과정을 스스로 깨닫지 못할 뿐이다. 그의 일기예보가 맞고 어부의 예보가 틀릴 가능성도 아주 많지만, 이 경우도 '자신의 의견'을 가진 어부가 실제로 틀렸다 하더라도 두 번째 피서객 '그 자신의 의견'이 옳은 의견은 아닐 것이다.

사람들에게 다른 주제, 예를 들어 정치에 대한 의견을 물어보아도 같은 현상을 목격할 수 있다. 평범한 신문 독자에게 특정 정치 문제에 대해 어떻게 생각하느냐고 물으면 그는 자신이 읽은 내용을 상당히 정확하게 들려주면서 그것이 '자신의' 의견이라고 주장할 것이며 ─ 이것이 중요한 지점이다 ─ 그가 피력한 의견이 자신이 고민한 결과라고 확신할 것이다. 아버지의 정치적 견해가 아들에게 대물림되는 작은 공동체라면 '아들 자신'의 견해는 스스로 생각하는 것 이상으로 아버지의 권위로부터 훨씬 더 많은 영향을 받았을 수 있다. 또 다른 독자는 정보에 어두운 사람으로 취급당할까 두려워서, 순간적으로 당황하여 어떤 의견을 내놓았을 수도 있다. 그 경우 그의 '견해'는 본질적으로 연극이며, 경험과 소망과 지식이 자연스럽게 결합한 결과가 아니다.

미적 판단에서도 우리는 같은 현상을 목도한다. 평범한 사람이 미술관에 가서 유명한 화가, 예를 들어 렘브란트의 그림을 구경한다면 정말 아름답고 인상적인 작품이라고 평할 것이다. 하지만 그의 판단을 분석해 보면 그가 그 그림에 특별히 호응을 한 것이 아니라 그저 사람들이 그렇게 말하기를

123 인간은 자신의 인격을 시장에 내다 판다

기대한다는 사실 때문에 아름답다고 평가를 한 것이다. 음악에 대한 사람들의 판단은 물론이고 인식 행위 그 자체에 대한 평가도 마찬가지이다.

사람들이 명소를 찾을 때도 실제로 그들의 머릿속에 떠오르는 것은 사진으로 수도 없이 보았던 풍경에 불과한 경우가 적지 않다. 그들은 '그들'이 그 명소를 보고 있다고 믿지만 사실 그들의 눈앞에 펼쳐진 것은 그 명소의 모사품이다. 어떤 사고의 목격자가 되는 경우에도 사람들은 신문이 보도를 하게 될 방식대로 그 상황을 보고 듣는다. 실제로 적지 않은 사람들이 자신이 직접 겪은 체험, 직접 본 예술 공연, 직접 참석한 정치 집회를 신문 기사로 접한 후에야 비로소 '실제'로 느낀다.

비판적 사고의 억압은 아주 어릴 때부터 시작된다. 다섯 살만 되어도 아이는 벌써 엄마의 거짓을 알아챈다. 예민하게는 엄마가 입으로는 늘 사랑과 친절을 들먹이면서도 실제는 차갑고 이기적이라는 사실을 알아챈다. 그보다는 덜 예민하다면 엄마가 늘 자신의 드높은 도덕적 원칙을 강조하면서도 다른 남자와 부적절한 관계를 갖는다는 사실에서 엄마의 거짓을 눈치챈다. 아이는 모순을 느낀다. 정의와 진리를 바라는 그의 감정이 상처를 입는다.

하지만 아이는 아직은 어떤 비판도 허용하지 않을 엄마에게 의존할 수밖에 없고, 아빠가 허약해서 믿고 의지할 수도 없다면 어쩔 수 없이 자신의 비판적 사고를 억누를 수밖에 없다. 그리고 아주 빠른 시간 안에 엄마의 거짓과 부정을 인식하지 못하게 될 것이다. 아이는 비판적 사고의 능력을 잃어버린다. 그 능력을 간직하리라는 희망도 없고 또 간직하는 것이 위험하기 때문이다. 더구나 아이는 주변 사람들로 하여금 엄마가 정직하며 정숙한 사람이고 부모의 결혼 생활은 행복하다는 것을 자신이 믿어주기를 기대한다는 인상을 받고, 그 기대를 기꺼이 자신의 것으로 만들 것이다.

이 모든 사례에서 중요한 것은 사고가 자기 생각의 결과, 즉 자기 행동의 결과인가 하는 점이다. 사고의 내용이 옳은가 아닌가는 중요하지 않다. 앞서 일기예보 가정에서도 암시했듯 자신의 사고에 기반을 둔 어부의 의견은 틀렸고 타인의 생각을 반복했을 뿐인 두 번째 사람이 옳을 수도 있다. 또 가짜 사고가 완벽하게 논리적이고 합리적일 수도 있다. 사고의 허위성이 반드시 비논리적 사실로 드러나는 것은 아니다. 그 허위성은 어떤 행위나 감정이 실제로는 비합리적이고 주관적인 요인에 좌우되지만 그것을 논리적이고 현실적인 근거로 설명하는 합리화에서 밝혀낼 수 있다. 합리화는 사실 혹은 논리적 사고의 규칙과 모순될 수도 있지만 그 자체는 논리적이고 합리적인 경우가 적지 않다. 합리화의 비합리성은 그것이 스스로 유발했다고 착각하는 행동의 실제 동기가 아니라는 사실에 있다.

비합리적 합리화의 좋은 예로 잘 알려진 유머가 있다. 어떤 사람이 이웃에게 유리병을 빌렸다가 깨트렸다. 이웃이 유리병을 돌려달라고 하자 그는 이렇게 대답했다. "첫째, 나는 유리병을 벌써 돌려주었고, 둘째, 나는 그 유리병을 한 번도 빌린 적이 없으며, 셋째, 유리병은 내가 빌려왔을 때 이미 깨져 있었어요."

'합리적' 합리화의 예도 있다. 경제적으로 힘든 처지의 A가 친척 B에게 돈을 빌려달라고 부탁한다. B는 그 청을 거절하면서 그가 A에게 돈을 빌려주면 A의 경솔함만 더 심해질 것이고, 늘 딴 사람에게 의지하려는 성향만 부추기기 때문이라고 말했다. 맞는 말일지도 모르지만 B가 A에게 절대로 돈을 빌려주고 싶지 않아서 한 말이기 때문에 그 말은 합리화다. 설사 B가 자신은 A의 안위를 걱정한다고 믿더라도 그의 행동은 사실 돈 욕심에서 나온 것이었다.

따라서 어떤 주장이 논리적인지의 여부만으로는 그것이 합리화인지를 확실히 알 수 없다. 그 사람의 내면에서 작동하는 심리적 동기도 함께 고려해야 하는 것이다. 중요한 것은 그 당사자가 무엇을 생각하느냐가 아니라 어떻게 생각하느냐다. 자신의 적극적 사고에서 나온 생각은 항상 새롭고 독창적이다. 여기서 독창적이라는 단어는 그 생각을 그보다 먼저 한 사람이 없었다는 의미가 아니다. 그 생각을 한 사람이 외부 세계나 자기 자신에게서 새로운 것을 발견하기 위한 도구로 자신의 생각을 이용한다는 의미다. 합리화의 본질에는 이런 발견과 폭로가 없다. 합리화는 그저 우리의 감정적 선입견을 확인할 뿐이다. 합리화는 현실로 나아가기 위한 적절한 수단이 아니다. 그저 자신의 소망과 기존 현실을 일치시키려는 사후의 노력일 뿐이다.

사고와 마찬가지로 우리는 느끼는 모든 감정이 자신에게서 나온 진짜 감정이며, 자신의 것이라 믿는다. 하지만 사실 자신의 것이 아닌 가짜 감정을 구분해야 한다. 타인과의 관계에서 우리 감정의 가짜 성격을 전형적으로 보여주는 예가 있다. 우리는 파티에서 한 남자를 관찰하고 있다. 그는 명랑하고 잘 웃고 친절한 대화를 나눈다. 대체로 정말 행복하고 만족스러워 보인다. 작별 인사를 건네면서도 그는 미소를 짓고 오늘 정말 좋았다고 말한다. 그러나 문이 닫히는 바로 그 순간 우리는 그의 얼굴 표정이 갑자기 달라진다는 사실을 깨닫는다. 미소가 사라진다. 미소를 지어보여야 할 대상이 없어졌기에 당연히 그럴 수도 있을 것이다. 하지만 내가 말하는 변화는 미소가 사라진 정도로 그치지 않는다. 거의 절망에 가까운 깊은 슬픔이 얼굴에 서린다. 표정이 머문 시간은 불과 몇 초이고 얼굴은 다시 평소의 가면 같은 표정으로 돌아간다. 남자는 차에 오르고 그날의 파티를 곱씹어 생각한다. 좋은 인상을 남겼을까 자문해 보고 그랬다고 느낀다. 하지만 '그'는 정말로 저녁 내내 행복하고 만족스러웠을까? 그의 얼굴에 잠깐 떠올랐던 슬픔과 절망의 표정은 그저 별 의미 없는 순간적 반응에 불과했을까? 우리가 그 남자에 대해 더 이상 아는 바가 없다면 이 질문에는 대답을 할 수 없다. 그러나 쾌활했던 모습의 의미를 이해할 수 있는 열쇠는 있다.

그는 그날 밤 미국 원정군이 되어 다시 참전하는 꿈을 꾸었던 것이다. 그는 전선을 뚫고 적의 사령부에 잠입하라는 명령을 받았다. 그는 ─ 누가 봐도 독일의 ─ 장교복을 입고 갑자기 한 무리의 독일 장교들 속에 서 있다. 사령부가 너무 편안하고 모두가 친절해서 깜짝 놀라지만 시간이 갈수록 그가 스파이란 것을 적들이 알아차릴까 봐 두렵다. 그때 그에게 우호적인 젊은 장교가 다가와 이렇게 말한다. "난 당신의 정체를 알아요. 여기서 나가는 방법은 한 가지밖에 없소. 재미있는 이야기를 해요. 당신도 웃고 사람들도 웃겨서 사람들의 관심을 딴 곳으로 돌려요." 그는 이 훌륭한 충고에 감사하고 재미있는 이야기들을 하며 크게 웃기 시작한다. 하지만 오히려 너무 지나쳐서 사람들의 의심을 산다. 사람들의 의심이 짙어질수록 그는 더 안간힘을 쓰며 유머를 지어낸다. 결국 그는 더 이상 그 자리에 있을 수 없을 정도로 무시무시한 공포에 휩싸인다. 그가 갑자기 의자를 박차고 일어나자 모두가 그의 뒤를 쫓아온다. 그러다가 장면이 바뀌고 그가 탄 전차가 바로 그의 집 앞에 멈춰 선다. 그는 민간인이고 전쟁이 끝났다는 생각에 안도감을 느낀다.

다음 날 우리가 그에게 꿈의 각 요소들과 관련하여 어떤 생각이 들었냐고 물을 수 있다고 가정해 보자. 여기서는 우리의 관심을 끄는 주요 문제를 이해하는 데 특히 의미가 있다고 생각되는 몇 가지 연상만 채택하도록 하겠다. 독일군 장교복은 그에게 어제의 파티에 온 한 손님을 떠올리게 했다. 그의 말투에 강한 독일어 억양이 섞여 있었던 것이다. 그리고 그(꿈을 꾼 사람)가 그 남자에게 특별히 좋은 인상을 주기 위해 노력을 했음에도 독일어 억양의 남자는 별로 신경쓰지 않았기 때문에 짜증이 났다는 생각이 떠올랐다. 그 생각이 머리를 스치는 동안 그 독일어 억양을 쓰는 남자가 실제로 그를 조롱했고 그의 어떤 말에는 뻔뻔하게 웃기까지 했다는 기억이 떠오른다. 사령부의 방은 지난밤 파티가 열렸던 방과 비슷하지만 창문은 그가 언젠가 낙방한 시험을 쳤던 방과 똑같았다. 그는 이런 연상에 깜짝 놀라며, 파티에 가기 전에 그곳에서 좋은 인상을 남길 수 있을지 고민했던 기억이 떠올랐다. 그가 관심을 둔 여성의 오빠가 파티에 오는 데다, 파티의 주최자가 그의 출세를 좌우할 상사에게 막강한 영향력을 가진 사람이기 때문이었다. 그는 상사가 매우 싫지만 상사에게 친절한 얼굴을 보여야 하기 때문에 모욕감이 들었다고 말했다. 파티 주최자 역시 딱히 이유는 알 수 없지만 뭔가 그의 마음에 들지 않았다. 그는 자신이 대머리 남자에 관한 농담을 했는데 나중에 생각해 보니 파티 주최자의 기분이

나빴을 수도 있었겠다고 생각했다. 파티 주최자 역시 대머리에 가까웠기 때문이다. 전철에 대해서는 처음에는 아무 연상도 떠올릴 수 없었는데 갑자기 어느 순간 어릴 적에 학교에 타고 가던 전차와 비슷하다는 생각이 들었다. 또 꿈에서 갑자기 자신이 차장이었는데 전차 운전이 자동차 운전과 거의 다를 것이 없어서 놀란 생각이 났다. 분명 꿈속의 전차는 그가 집에 올 때 타고 온 자신의 자동차 대신이었고, 자동차를 타고 집으로 돌아온 퇴근길은 학교에서 집으로 돌아오던 귀갓길을 떠올리게 했다.

비록 내가 연상의 일부만 언급했고 실제적으로 이 남자의 인성 구조나 그의 과거 및 현재 상황에 대해 전혀 알려준 바가 없지만 꿈의 해석에 익숙한 사람이라면 뒤죽박죽인 꿈과 그 꿈을 동반하는 연상들을 이미 간파했을 것이다. 꿈은 파티에서 느꼈던 그의 진짜 기분을 폭로한다. 그는 혹시라도 좋은 인상을 주지 못하면 어떻게 하나 불안에 떨며 애를 썼고 자신을 조롱하거나 적절히 대접하지 않는다는 느낌을 그에게 전달한 몇몇 사람들에게 화가 났었다. 꿈은 그의 쾌활한 태도가 그저 공포와 화를 숨기는 동시에 그의 분노를 유발시켰던 사람들의 마음을 사로잡으려는 용도에 불과했다는 사실을 보여준다. 쾌활함은 가면이었다. 그것은 마음에서 우러나오지 못하고 그저 '그'가 실제로 느끼는 공포와 화를 은폐할 뿐이었다. 그 사실이 그의 마음을 어찌나 불안하게 만들었던지 그는 적진에 침투하여 언제라도 정체가 발각당할 수 있는 스파이가 된 기분이 들었다. 이로써 집을 나설 때 그에게서 언뜻 스치고 지나갔던 슬픔과 절망의 표정은 진실로 판명되었다. 더불어 그 순간 그의 얼굴은 비록 '그'가 그 감정을 의식하지는 못했다 해도 '그'가 실제로 느꼈던 감정을 표현하였다는 사실이 명백해진다. 꿈은 그의 감정이 향하던 사람들을 직접적으로 언급하지는 않았지만 극적인 방식으로 그의 감정을 명확히 재현한다.

이 남자는 신경증 환자도 아니고 최면 상태에 있지도 않았다. 현대인이 느낄 수 있는 보통의 공포와 보통의 인정 욕구를 가진 평범한 동시대인이다. 그는 어떤 상황에서도 사람들이 그에게 기대하는 것을 감지하는 데 익숙하다. 따라서 그의 쾌활함이 실상은 가면이며, 그에게서 뭔가 '이상한' 점이 눈에 띄는 것은 보통의 경우가 아니라 예외적인 경우라는 사실을 깨닫지 못한다.

사고와 감정에 해당되는 사항은 의지에도 해당된다. 대부분의 사람들은 자신의 결심이 자신의 것이라고 여기며, 외부의 힘이 강요하지 않았는데 자신이 무언가를 원할 경우 그것은 자신의 의지라고 확신한다. 하지만 그 확신은 우리가 우리 자신에 대해 품는 큰 착각이다. 우리가 결심하는 것의 대다수는 실제 우리의 결심이 아니라 외부에서 암시된 것이다. 우리는 그것이 우리 자신의 결심이라고 스스로를 설득할 수 있지만 실제로는 타인이 우리에게 기대하는 대로 행동한다. 그 이유는 고립이 두렵기 때문이며 우리의 삶, 우리의 자유와 안락이 직접적인 위험에 처했다고 느끼기 때문이다.

어떤 아이에게 매일 학교 가는 게 좋으냐고 물었더니 아이가 "물론이죠!"라고 대답한다면 의심스럽다. 물론 학교에 가고 싶을 때도 많겠지만 놀거나 다른 짓을 하고 싶을 때도 있을 것이다. 아이가 '나는 매일 학교에 가고 싶다'고 느낀다면 그 아이가 규칙적인 등교에 대한 자신의 거부감을 억압했을 가능성이 있다. 아이는 자신이 매일 학교에 가고 싶어 하기를 사람들이 기대한다고 느낀다. 이런 압박감의 강도는 가야 하기 때문에 억지로 간다는 기분을 사라지게 할 정도로 강하다. 어쩌면 가끔은 학교에 가고 싶지만 가끔은 가야 하기 때문에 억지로 간다는 사실을 깨달을 수 있다면 아이가 더 행복할지도 모를 일이다. 하지만 의무감의 압박이 너무 크기에 아이는 사람들이 기대하는 '그것'을 자신이 원한다는 느낌을 받는 것이다.

일반적으로 우리는 대부분의 사람들이 자발적으로 결혼을 한다고 생각한다. 분명 의무감이나 책임감 때문에 의도적인 결혼을 하는 사람들도 있다. 또 한 남자가 정말로 원해서 결혼을 하는 경우도 있다. 하지만 한 남자가 (혹은 한 여자가) 자신은 특정인과 결혼을 하고 싶다고 의식적으로 믿지만 실제로는 결혼으로 이어진 일련의 사건에 휘말려 들었고, 일체의 취소 가능성이 막혀버린 경우도 적지 않다. 결혼 몇 달 전만 해도 그는 '자신'이 결혼을 원한다고 철석같이 믿었다. 상당히 늦게 나타난, 그가 어쩌면 결혼을 원치 않을지도 모른다는 첫 번째 징후는 그가 결혼식 날 갑자기 패닉에 빠져 달아나고 싶은 충동을 느낀다는 사실이다. 그가 '합리적'인 사람이라면 이 감정은 몇 분 동안만 지속될 것이고 그는 결혼을 할 의사가 있느냐는 질문에 확신을 가지고 "네."라고 대답할 것이다.

이것 말고도 일상생활에서 수많은 사례들을 찾아 열거할 수 있다. 사람들이 겉보기에는 스스로 결정을 내리고 특정한 것을 원하지만 내적 혹은 외적 압박에 굴복하여 바로 그 일을 원할 수밖에 없는 그런 사례들 말이다. 인간이 어떻게 결정을 내리는지 이해한다면, 스스로 결심을 했다고 착각하지만 실제로는 그저 관습을 지키거나 의무감에서 혹은 아주 단순히 압박감에서 행동하는 경우가 얼마나 많은지 깨닫고 깜짝 놀랄 것이다. 개인의 결정의 자유를 존재의 초석으로 삼았다던 사회에서 '독자적' 결정이 상대적으로 드물게 나타난 형국이다.

가짜 의지의 사례는 결코 신경증적 증상을 보이지 않는 사람의 정신을 분석할 때도 자주 목격할 수 있다. 이 특별한 경우는 무의식적 힘의 작용에 별로 익숙지 못한 사람에게도 그것의 영향력을 조금 더 자세히 배우는 기회가 될 것이다. 이 사례를 통해 나는 억압과 가짜 행복의 관계를 다시 한 번 조명할 것이다. 억압된 힘이 신경증적 행동과 꿈 등에 미치는 영향과 관련하여 억압을 다루는 경우에는 모든 억압이 우리의 실제 자아의 일부를 말살하고 우리가 억압한 감정을 가짜 감정으로 바꾸도록 강요한다는 사실을 지적하는 것이 적절해 보인다.

내가 여기서 소개하려는 사례의 주인공은 스물두 살의 의

대생이다. 그는 자기가 하는 일에 관심이 많고 주변 사람들과도 상당히 잘 지낸다. 자주 피곤함을 느끼고 삶에 큰 의욕이 없다는 것만 빼면 특별히 불행하지도 않다. 그가 정신분석 상담에 응한 이유는 그저 정신과 의사가 되고 싶기 때문이며, 그가 털어놓은 하소연도 그저 의학 공부에 약간의 장애가 있다는 정도뿐이다. 방금 읽은 내용을 기억하지 못할 때가 잦고 강의 중에도 이상할 정도로 빨리 피곤해지며 시험 성적도 좋지 못하다고 했다. 그 모든 것이 그에게는 수수께끼였다. 평소 그는 훨씬 더 기억력이 좋기 때문이다. 그는 의학 공부를 원한다는 사실을 의심하지 않지만 공부에 필요한 재능이 있는지 강한 회의를 느낄 때가 많다.

정신분석을 시작한 지 몇 주가 지난 어느 날 그는 꿈 이야기를 꺼냈다. 꿈에서 그는 자신이 직접 지은 고층 건물 꼭대기 층에서 약간의 승리감에 취해 다른 건물들을 내려다본다. 갑자기 건물이 무너지고 그가 잔해에 깔린다. 사람들이 그를 꺼내려고 애를 쓰는 것이 느껴지고 누군가 그가 중상을 입었으며 의사가 곧 올 것이라고 말하는 소리가 들린다. 그는 끝없이 오래오래 의사를 기다려야 할 것 같은 느낌이다. 마침내 의사가 도착했는데 깜빡하고 의료 기구를 가지고 오지 않아서 그를 도울 수 없다. 그는 의사에게 분노하여 갑자기 벌떡 일어섰고, 자신이 전혀 다치지 않았다는 사실을 깨닫는다. 그는 의사를 비웃었고 그 순간 잠에서 깨어난다.

그는 이 꿈을 통해 더 중요한 연상을 쏟아낸다. 그가 직접 지은 고층 건물은 그가 예전부터 건축에 관심이 많았다고 넌지시 털어놓는다. 어린 시절에 블록 장난감을 갖고 노는 것을 제일 좋아했고 열일곱 살 때는 건축가가 되고 싶었다고 말이다. 그런데 아버지한테 그 이야기를 했더니 아버지는 친절한 말투로 직업의 선택은 아들의 자유이지만 건축가는 그저 꿈 많았던 어린 시절의 잔재일 뿐이며 아들은 분명 의학 공부를 더 하고 싶을 것이라고 말했다. 그는 아버지의 말씀이 맞다고 생각하여 두 번 다시 그 이야기는 꺼내지 않았고 당연하게 의학 공부를 시작하였다.

너무 늦게 온 데다 의료 기구를 깜빡한 의사에 대한 그의 연상은 모호하고 빈약했다. 하지만 이 부분에 대해 더 이야기를 나누던 중 그는 갑자기 정신분석 날짜가 바뀐 것에 대해 꽤 짜증이 났었다는 기억을 떠올렸다. 그리고 그 이야기를 꺼내면서 분노가 다시 치솟았다. 그는 정신분석 의사가 제멋대로라고 책망하다가 결국 이렇게 말했다. "하긴 뭐, 어차피 내가 하고 싶은 것은 못 하는 걸요." 그는 자신의 분노와 이 말에 스스로 깜짝 놀랐다. 지금껏 한 번도 정신분석 작업이나 담당 의사에게 거부감을 느꼈던 적이 없었기 때문이다.

얼마 후 청년은 다른 꿈을 꾸었는데 이번에는 꿈의 일부만 기억했다. 그의 아버지가 자동차 사고를 당해 부상을 입었는데, 자신이 바로 아버지의 치료를 담당하는 의사였다. 그러나 진료를 하려고 하니 몸이 완전히 마비되어 아무것도 할 수 없었다. 그는 당황하다가 잠에서 깼다.

연상을 이야기하면서 그는 마지못해 지난 몇 년 동안 아버지가 갑자기 돌아가실 수도 있다는 생각이 반복해서 들었으며 그 생각이 들 때마다 놀랐다고 털어놓았다. 때로는 아버지가 남길 유산과 그 유산으로 뭘 할까 하는 생각까지 했다. 하지만 그는 그런 상상을 더 이상 진행시키지 않았고 그런 생각이 떠오를 때마다 매번 억지로 억압했다. 이 꿈을 예전 꿈과 비교하다가 그는 문득 두 경우 모두 의사가 효과적인 도움을 주지 못했다는 생각을 떠올렸다. 그리고 예전보다 더 명확하게 자신이 결코 좋은 의사가 되지 못할 것이라는 생각을 했다. 그가 첫 번째 꿈의 무능한 의사에게 명확한 분노와 조롱을 느꼈다는 사실을 정신분석 의사가 지적하자 그는 환자를 돕지 못하는 무능한 의사 이야기를 듣거나 글을 읽을 때마다 마음에 승리의 감정이 솟구쳐 올랐지만 당시에는 확실히 알지 못했다고 털어놓았다.

정신분석을 추가로 진행하면서 억압한 것들이 계속 드러났다. 청년은 아버지에 대한 강한 분노의 감정을 발견했고, 의사로서 아무짝에도 쓸모없다는 감정이 그의 삶 전반을 관통하는 무력감의 일부에 불과하다는 사실도 깨달았다. 의식의 표면에서는 삶을 자기 계획대로 꾸려간다고 믿었지만 더 깊은 곳에서 그의 마음을 지배하는 것은 체념이라는 사실을 그제야 느낀 것이다. 그는 자신이 원하는 것을 할 수 없다고 확신했으며, 남들이 그에게 거는 기대에 맞추어 행동할 수밖에 없었음을 깨달았다. 그는 근본적으로는 결코 의사가 되고 싶지 않았고, 재능 부족이라 여겼던 것도 실은 수동적 저항의 표현에 불과했다는 사실을 깨달았다.

이는 어떤 사람이 개인의 소망을 억압하고 남들이 그에게 기대하는 것을 자기 것으로 삼아 자신이 그것을 바란다고 상상하는 전형적인 사례이다. 원래의 소망이 있던 자리를 가짜 소망이 차지했다고 말할 수 있다.

이렇듯 원래의 사고, 감정, 의지의 행위가 가짜 행위로 대체되면 결국 가짜 자아가 원래의 자아를 대체하게 된다. 원래의 자아는 모든 정신적 활동의 진짜 장본인이다. 가짜 자아는 사람들이 그에게 기대하는 역할을 자아의 이름으로 연기하는 대리인에 불과하다.

물론 한 사람이 많은 역할을 맡을 수 있고 그 역할 모두가 '그'라고 주관적으로 확신할 수 있다. 하지만 실제 그는 이 모든 역할에서 사람들이 그에게서 기대한다고 스스로 생각하는 것이다. 이럴 경우 대부분이 부정하지만 많은 사람들에게서 원래의 자아가 가짜 자아의 손에 완전히 질식당한다. 꿈에서, 상상에서, 취한 상태에서 원래의 자아가 살짝 나타나기도 한다. 오랫동안 억눌렀던 감정이나 생각이 나타나는 것이다. 때로 그것들은 그가 겁이 나거나 부끄러워 억압해 버렸던 나쁜 것들이기도 하지만, 비웃음을 받거나 비난받을지 모른다는 두려움 때문에 억압해 버렸던, 그가 가진 최고의 것일 때도 많다.

현대인은 자기 자신과 어떤 관계에 있을까? 나는 이 관계는 마케팅 지향이라 불렀다. 이런 방식으로라면 인간은 자신을 시장에 성공적으로 배치된 사물로 느낀다. 스스로를 행위의 장본인, 인간의 힘을 가진 자로 느끼지 못한다. 그의 목표는 시장에서 이윤을 남기고 자신을 판매하는 것이다. 그의 자존감은 사랑하고 생각하는 개별 인간으로서의 자기 활동에서 나오는 것이 아니라 사회·경제적 역할에서 나온다.

사물이 말을 할 수 있다면 "넌 누구니?"라는 질문에 타자기는 "나는 타자기야."라고 대답할 것이다. 자동차라면 "난 포드야." 혹은 "난 뷰익이야." "난 캐딜락이야." 하고 대답할 것이다. 인간에게 "넌 누구니?"라고 물으면 "난 회사원이야." "난 의사야." 혹은 "난 유부남이야." "난 두 아이의 아빠야."라고 대답할 것이다. 그리고 그의 대답은 해당 사물의 대답이 갖게될 의미와 상당히 동일한 의미를 가진다. 이는 스스로를 사랑과 공포와 확신과 의혹을 느끼는 한 인간으로서가 아니라 사회 시스템에서 특정한 기능을 담당하는 진정한 본성에서 소외된 추상으로서 느끼는 방식이다.

인간의 자긍심은 그의 성공에 달려 있다. 그가 이윤을 남기고 자신을 판매할 수 있느냐, 경력의 출발 시점보다 더 많은 것을 이루었느냐, 한마디로 그가 '성공했느냐'에 달려 있다. 그의 몸과 정신과 영혼은 그의 자산이며 그의 삶의 과제는 이것을 유익하게 투자하여 이익을 거두는 것이다. 친절과 예의, 관용 같은 인간적 특성들은 상품이 되며, 인력시장에서 더 높은 가격을 받게 해주는 '인성 꾸러미'의 차변 항목이 된다. 스스로를 투자하여 이윤을 내지 못한 사람은 패자라는 느낌을 갖는다. 성공을 거두면 그것은 그의 성공이다. 물론 그의 가치는 항상 그 자신의 외부 요인들, 그의 가치를 상품의 가치처럼 결정하는 변덕스러운 시장의 판단에 좌우된다. 시장에서 이윤을 내며 팔리지 못한 모든 상품이 그러하듯 그역시 제아무리 사용가치가 대단하다 해도 ― 그의 교환가치와 관련하여서는 ― 무가치하다.

판매하려고 내놓은 인격은 가장 원시적인 문화에서조차 인간의 특징으로 꼽히던 존엄성의 상당 부분을 잃을 수밖에 없다. 그렇게 스스로 소외된 인간은 자아감 전체를, 즉 스스로가 되풀이될 수 없는 유일한 존재라는 느낌을 거의 상실할 수밖에 없다. 자아감은 스스로를 나의 경험, 나의 사고, 나의 감정, 나의 결정, 나의 판단, 나의 행위의 주체로 느끼는 데에서 탄생한다. 그러자면 나의 경험이 실제로 나 자신의 체험이지 소외된 체험이 아니어야 한다는 조건이 필요하다. 사물은 자아가 없다. 사물이 되어버린 인간은 자아를 소유할 수 없다. (…)

현대인은 스스로 옳다고 생각하는 것을 행하고 생각하지 못하게 방해하는 외부의 족쇄를 벗어던졌다. 자신이 원하고 생각하고 느끼는지만 알면 자신의 의지에 따라 행동할 자유를 가질 것이다. 하지만 그는 바로 그것을 모른다. 그래서 익명의 권위에 의지하고 자신의 것이 아닌 자아를 받아들인다. 또 그럴수록 더 무력감을 느끼고 순응을 강요당한 자신의 모습을 보게 된다. 이 모든 낙관주의와 피상적인 진취성에도 불구하고 현대인은 깊은 무력감에 빠져 있다.

현대인은 깊은 무력감에 빠져 있다

06

선생님, 인생이 무기력합니다.

나는 어떤 것에도 영향을 미칠 수 없고, 어떤 것도 움직일 수 없으며,
나의 의지로는 외부 세계나 나 자신을 변화시킬 수 없다.
아무도 나를 진지하게 대우하지 않으며 다른 사람들에게 나는 공기와 같다.

현대인은 과거 그 어떤 시대의 인간보다 사회를 합리적 원칙에 따라 정돈하고 최대 다수의 최대 행복을 추구하는 방향으로 변화시켜 왔다. 그리고 이 변화에 개인을 적극적으로 참여시키려 노력했다. 동시에 지금껏 경험하지 못한 수준으로 자연을 정복하였다. 현대인의 기술적 능력과 발명은 자연과 자연의 힘을 지배하려던 인간의 모든 꿈을 거의 실현하였다. 현대인은 예상치 못했던 부를 쌓았고, 그 부로 역사상 처음으로 모든 인간의 물질적 욕망을 충족시킬 정도의 가능성을 열었다. 인간이 지금처럼 이 정도로 물질세계의 주인이 되었던 적은 없었다.

하지만 현대인은 이와 첨예하게 대립되는 특성을 보인다. 가장 우수하고 가장 멋진 사물들의 세계를 만들었는데, 이 창조물이 낯설고 위협적인 모습으로 그와 반목하는 것이다. 사물이 완성되면 인간은 그 사물의 주인이 아니라 시종이 된 듯한 느낌에 사로잡힌다. 물질세계 전체가 인간 삶의 방향과 속도를 지정하는 거대한 기계의 괴물이 된다. 인간에게 봉사하고 행복을 선사하기 위해 인간의 손으로 탄생시킨 작품이 인간을 소외시키는 세계가 되고, 현대인은 그 세계에 비굴하고 무기력하게 복종한다.

여기서는 언급한 대립의 한 가지 측면인 무력감에 대해 다루려고 한다. 현대인을 설명하고 분석하면서 지금까지 항상 너무 등한시했던 지점이다. 그 이유는 굳이 설명을 하지 않아도 뻔하다. 현대인은—특정 유형의 종교적 인간과 달리—본질적으로 무력감을 인식하지 못하며, 순수한 서술적·심리학적 방법론으로도 그 무력감을 파악하기 어렵기 때문이다. 개인 정신분석의 관찰에서 출발하는 것이 여기서 말한 사회심리학적 현상을 이해하기 위한 하나의 방법일 것이다. 물론 감정의 보편성을 연구하자면 분명 사회심리학적 연구들이 추가되어야 한다. 하지만 여기서 기틀로 삼은 정신적 메커니즘을 그 구조와 조건, 개인의 행동에 미치는 영향 면에서 설명하는 것이 첫걸음이다.

극단적 무력감은 대부분 신경증적 인성에서 발견된다. 하지만 동일한 감정의 낌새는 우리 시대의 건강한 사람들에게서도 어렵지 않게 발견된다. 그래도 이 극단적 무력감과 그 결과를 설명하기 위해서는 더 명확한 증상을 보이는 신경증적 사례들이 더 적합하다. 우리가 아래에서 거론할 사례들도 대부분 신경증적 사례들이 될 것이다. 무력감은 신경증 환자들에게서 매우 규칙적으로 나타나고 그들 인성 구조의 아주 중요한 부분을 차지한다. 증상 신경증이건 성격 신경증이건 모든 신경증의 중요한 특징은 한 사람이 특정한 기능을 하지 못하며, 마땅히 할 수 있어야 하는 일을 할 수 없고, 이런 무능력이 의식적·무의식적으로 자신이 약하고 무력하다는 깊은 확신에서 나온다는 점이다.

신경증 환자들에게서 나타나는 무력감의 내용은 다음과 같다. 나는 어떤 것에도 영향을 미칠 수 없고, 어떤 것도 움직일 수 없으며 나의 의지로는 외부 세계나 나 자신을 변화시킬 수 없다. 아무도 나를 진지하게 대우하지 않으며 다른 사람들에게 나는 공기와 같다. 한 신경증 환자가 꾼 다음의 꿈은 무력감의 좋은 사례이다.

그녀(환자)는 드럭스토어에 들어가 음료수를 마시고 10달러짜리 지폐를 냈다. 음료수를 다 마신 후 점원에게 잔돈을 달라고 한다. 점원은 잔돈을 아까 주었고, 가방 안을 다시 살펴보면 있을 것이라고 대답한다. 그녀는 가방을 다 뒤졌지만 잔돈이 나오지 않는다. 점원은 신중한 말투로 그녀가 돈을 잃어버린 것은 자신이 알 바가 아니며 더 이상 해줄 것도 없다고 대답한다. 화가 머리끝까지 난 그녀는 경찰을 부르려고 거리로 달려나온다. 그리고 먼저 한 여자 경찰을 발견하고 자초지종을 털어놓는다. 여자 경찰이 드럭스토어로 가서 점원과 이야기를 나눈다. 돌아온 여자 경찰은 미소를 지으며 그녀가 돈을 돌려받은 것이 분명하다고 거만하게 말한다. "잘 찾아보세요. 어디 있을 겁니다." 분노가 치솟은 그녀는 이번에는 남자 경찰에게 달려가 도와달라고 부탁한다. 하지만 경찰은 그녀의 말을 들으려고도 하지 않고 위압적인 말투로 그런 일은 알아서 하라고 한다. 결국 그녀는 드럭스토어로 돌아간다. 점원은 의자에 앉아서 히죽 웃으며 드디어 진정이 되었냐고 묻는다. 그녀는 무기력한 분노에 빠져든다.

무력감의 대상은 매우 다양하다. 일차적으로는 인간이 그 대상이다. 자신은 결코 다른 사람들에게 영향을 미칠 수 없다는 확신이 존재한다. 다른 사람들을 통제할 수도 없고, 그들이 자신이 바라는 일을 하게끔 만들 수도 없다. 무력감을 느끼는 사람들은 다른 사람이 그들에 대해 진지하게 거론했다는 말을 듣거나 그들의 의견을 그저 언급했다는 말만 들어도 매우 놀란다. 그들의 실제 능력은 그것과 아무 상관이 없다. 학술 분야에서 대단한 명성을 누렸고 여러 글에서 의견이 인용되기도 했던 한 환자는 누군가 그를 존경하고 그의 말에 어떤 의미를 부여했다는 말을 들을 때마다 매번 깜짝깜짝 놀랐다. 반복되어 온 오랜 경험도 그의 이런 태도를 바꾸지 못했다. 그런 사람들은 자신이 누군가에게 상처를 줄 수 있다고도 생각지 않는다. 바로 그런 이유로 특이할 정도로 자주 공격적인 언사를 내뱉고, 다른 사람이 상처 받았다는 사실을 알고 나면 크게 놀란다. 이 놀라움을 따라가 보면 자신이 진지한 대접을 받지 못한다는 깊은 확신이 원인으로 밝혀진다.

이 사람들은 누군가 그를 사랑하거나 좋아하도록 만들기 위해 자신이 무언가를 할 수 있다는 생각도 하지 못한다. 남과 잘 어울리려는 노력, 타인의 호감을 얻기 위해 필요한 노력도 전혀 하지 않는다. 그래서 당연히 사랑과 호의를 얻지 못하고, 그로 인해 아무도 자신을 사랑하지 않는다는 결론을 내린다. 그것이 시각적 착각이라는 사실을 보지 않는다. 어떤 결핍이나 불행한 상황 탓에 자신을 사랑하는 사람을 찾지 못한다고 생각하지만 사실 그들이 한탄하는 상황의 뿌리에는 타인의 사랑을 얻으려는 어떤 노력도 하지 못하는 그들의 무능력이 있다.

그들은 사랑받기 위해 무언가 할 수 있다는 생각을 하지 못하기에 모든 관심을 태어날 때 갖고 태어난 기존의 특성에만 집중한다. 그래서 자신이 타인의 마음을 얻을 만큼 똑똑한지, 예쁜지, 착한지 하는 생각에 항상 사로잡혀 있다. 그들의 질문은 늘 이렇다. "난 똑똑할까? 난 예쁠까? 난 안 똑똑할까? 난 안 예쁠까?" 그 대답을 알아야 한다. 자신을 적극적으로 변화시켜서 타인에게 영향을 미칠 가능성이 완전히 배제되었기 때문이다. 이럴 때는 보통 사랑과 호의를 얻는 데 필요한 특성이 자신에게는 없다는 결론과 깊은 열등감을 결과로 얻게 된다.

인정과 존중에 대한 소망도 다를 것이 없다. 그들은 다른 모든 사람들의 감탄을 불러낼 만큼 자신의 재능이 뛰어난가에 대해서 강박적으로 고민한다. 하지만 무력감 탓에 노력하고 일하고 배워봤자 타인이 정말로 인정하거나 감탄하는 것을 생산해 내지는 못한다. 그 결과 과대망상과 자신은 아무 가치가 없다는 기분 사이를 오가는 자아를 가지게 된다.

무력감의 또 다른 중요한 결과는 공격에 맞서 자신을 방어하지 못하는 무능력이다. 그 공격이 신체적 공격일 경우 약간 특수한 신체적 무력감을 느끼기도 한다. 종종 위험이 닥쳤는데 자신의 신체적 힘을 전혀 사용할 수 없어서 마비된 것처럼 꼼짝 못하고 저항할 생각 자체를 못하는 것이다. 하지만 실제로는 신체적 방어를 못하는 무능력보다 온갖 다른 종류의 공격에 저항하지 못하는 무능력이 훨씬 더 심각하다. 부당하건 정당하건 자신을 향한 모든 비난·비판을 그냥 감수하고 반론을 펼치지 못한다. 때로 그런 일이 부당하다는 사실을 알 때도 있지만 방어하기 위한 말은 한마디도 할 수 없다. 극단적인 경우에는 부당하게 비난·비판당한다는 사실을 느낄 수조차 없고, 모든 비난·비판을 정당하다고 느낀다. 심지어 이를 마음으로 받아들이는 지경에 이르기도 한다.

모든 종류의 모욕과 비하에도 이런 무능력이 나타난다. 이 경우에도 행동은 모욕에 적절하게 대처하지 못하는 무능력과 타인이 옳고 자신은 모욕당할 만한 이유가 있다는 확신에서 나온 자발적 감수 사이를 오간다. 몇 시간 혹은 며칠이 지나고 나서야 비난이 부당하거나 모욕이 지나치다는 사실을 인식하는 경우도 많다. 그때 이들의 머릿속에는 비난을 무력화하는 데 필요한 온갖 논리나 모욕에 대응하여 발설할 수 있었을 온갖 무례한 말들이 떠오른다. 상황을 거듭 떠올리며 어떻게 해야 했을지 자세한 부분까지 상상하고, 때로는 상대에게 때로는 자신에게로 향하는 분노에 사로잡힌다. 그럼에도 막상 다음번에 또 그런 일이 발생하면 똑같이 상대의 공격에 속수무책이 되고 만다.

무력감은 사물에 대해서도 나타난다. 익숙하지 않은 모든 상황에서 완전히 속수무책의 기분이 되는 것이다. 예를 들어 낯선 도시에 도착했는데 혼자 아무것도 해내지 못할 것 같은 생각이 들거나, 자동차가 고장 났는데 어디가 원인인지 살펴보려는 최소한의 노력도 하지 않는다. 혹은 등산을 하다가 작은 시냇물을 만나 건너야 하는데 온몸이 마비된 것처럼 뗄 수가 없거나, 필요한 상황에서도 이불을 펴거나 요리를 할 수 없다.

흔히 비실용적이거나 미숙하다고 칭하는 행동 중에서도

무력감에 그 원인이 있는 경우가 많다. 높은 곳에 올라갔을 때 느끼는 현기증도 무력감에 뿌리를 둔 경우가 종종 있다고 추정할 수 있다. 무력감은 자신에 대한 행동에서도 드러난다. 그렇다. 어쩌면 이것이야말로 개인에게 미치는 가장 중요한 결과일지도 모르겠다. 이런 차원의 무력감의 형태 중 하나가 자신의 내부에서 일어나는 충동과 두려움에 맞서지 못하는 태도다. 충동과 두려움을 제어하려는 시도라도 할 수 있다는 믿음이 없다. 이들의 모토는 다음과 같다. "난 원래 그래. 그러니까 아무것도 바꿀 수 없어." 이들에게 자신을 바꾸는 것보다 더 불가능해 보이는 일은 없다. 이들은 이런저런 성격 때문에 자신이 얼마나 끔찍한 고통을 당하는지 한탄하고 슬퍼하는 것으로 인생을 다 보낼 수도 있다. 이들이 의도적으로 자신을 바꿀 준비가 되었다는 자랑을 할 수도 있지만 조금 자세히 들여다보면 그 때문에 더더욱 스스로 아무것도 바꿀 수 없다는 확신에 매달린다는 것을 알 수 있다. 이런 무의식적인 확신과 의식적인 보상 활동 사이의 간극이 기괴하게 느껴지는 경우도 많다. 이들은 이 의사를 쫓아다니다가 저 의사를 쫓아다니고, 이 종교적 이론, 저 철학적 이론을 따라다니고, 어떻게 하면 자신을 바꿀 수 있을지 매주 새로운 계획을 세우며 엄청난 변화를 안겨줄 애정 관계를 기대한다. 그러나 이 모든 부지런한 행동과 의도적 노력은 그저 깊은 무력감에 빠진 자신을 은폐하기 위한 우산에 불과하다.

앞에서도 말했듯 이들은 자신의 소망이 이루어질 수 있으며, 자력으로 무언가를 이룰 수 있다고 믿지 않는다. 이들은 항상 무언가를 기다리지만 자신은 그 결과를 위해 아무것도 할 수 없다고 깊이 확신한다. 이런 감정이 너무 진전되어 그 어떤 것도 바라거나 원하지 않게 되는, 자신이 애당초 뭘 원하는지조차 알지 못하는 경우도 매우 흔하다. 보통은 자신의 소망이 있을 자리를, 타인이 자신에게 무엇을 바라는지에 대한 고민이 차지한다.

예를 들어 그들의 결정은 이렇게 하면 아내가 화를 낼 것이고 저렇게 하면 아버지가 화를 낼 텐데 하는 고민의 형태를 띤다. 결국 가장 화낼 걱정을 덜 하는 방향으로 결정을 내리지만 원래 자신이 가장 하고 싶었던 것이 무엇이었는지는 물어보지도 못한다. 그 결과 그들은 의식적이건 무의식적이건 타인에게 짓밟힌다는 느낌을 갖게 되고 그에 대해 화를 낸다. 하지만 짓밟힘을 당하도록 한 사람이 일차적으로 자신이라는 사실은 깨닫지 못한다.

무력감을 깨닫는 정도는 그 강렬함의 정도와 마찬가지로 사람에 따라 차이가 크다. 무력감을 그 자체로 의식하는 경우도 많다. 이 경우 능률과 사회적 기능이 너무 줄어들어 굳이 스스로에게 무력감이 아니라고 속일 필요마저 없어진 중증 신경증일 가능성이 높다. 무력감을 완전히 깨달을 때 생겨나는 정신적 고통은 아무리 과대평가해도 지나치지 않다. 깊은 공포, 인생의 무의미함을 규칙적으로 느낀다. 무력감을 그 자체로 의식하지 못할 경우에도 중증 신경증에서는 동일한 결과가 나타난다. 따라서 무의식적인 무력감을 의식 차원으로 끌어올리고 후유증과 연계시키는 힘든 정신분석 작업이 종종 필요한 것이다. 하지만 보통은 무력감을 의식하는 경우에도 그 정도는 전체의 작은 부분에 불과하다는 사실이 정신분석을 통해 드러난다. 대부분 무력감을 동반하는 깊은 두려움 탓에 아주 약화된 형태로만 무력감을 의식하는 것이다.

　감정의 괴로움을 극복하려는 일차적 시도는 무력감을 정당화하기 위한 일련의 합리화이다. 근거로 제공되는 합리화 중에서 가장 중요한 것들로는 다음의 것들을 꼽을 수 있다. 첫째는 자신이 무기력한 이유가 신체적 결함 탓이라는 것이다. 이 경우 사람들은 몸이 허약하여 조금만 과로해도 못 견디며, 이런저런 신체적 결함을 갖고 있고 '아프다'고 주장한다. 그리하여 실제로는 심리적 이유에서 나온 무력감을 자신에게는 전혀 책임이 없고 원칙적으로 아무것도 바꿀 수 없는 신체적 결함 탓으로 돌리는 데 성공하는 것이다.

다른 형태의 합리화는 특정한 인생 경험으로 인해 너무나 큰 상처를 입었기에 모든 활력과 용기를 빼앗겼다는 확신이다. 어린 시절의 특정한 경험, 불행한 사랑, 경제적 파탄, 친구에 대한 실망을 무력감의 원인으로 보는 것이다. 정신분석 이론을 단순화시키는 탓에 이런 합리화가 많은 관점에서 더욱 수월해졌다. 다시 말해서 세 살 때 엄마한테 맞았거나 다섯 살 때 오빠에게 놀림을 당했기 때문에 무력해졌다고 믿도록 핑곗거리를 제공하는 것이다.

또 다른 형태의 합리화는 특히 치명적인 결과를 낳기도 한다. 이는 상상으로, 혹은 실제로도 자꾸만 문제를 만들어서 절망적인 상황으로 미루어 볼 때 속수무책의 심정이 당연하다고 여기는 성향이다. 이런 경우, 다음과 같은 일이 벌어진다. 한 공무원이 보고서를 작성하는 업무를 처리할 수 없을 것 같은 기분이 든다. 책상에 앉아 자신이 무능하다는 기분에 젖어 있는 동안 머릿속으로 자신이 일자리를 잃을까 봐, 아내가 아플까 봐, 친구가 너무 오래 연락을 안 했다고 화를 낼까 봐, 방이 너무 추울까 봐 겁을 내고 있다는 생각이 스치고 지나간다. 결국 그는 무력감이 지극히 자연스럽고 적절한 항복처럼 보일 때까지 너무나 슬프고 절망적인 상황을 마구 지어낸다.

상황을 악화시키는 이런 성향이 상상에만 국한되지 않고 실제 행동으로까지 확장되면 더욱 치명적이다. 당사자는 정말 몸이 아프고, 상사를 도발하여 실제로 해고당하며, 아내와 언쟁을 시작하여 하루 종일 집안 분위기를 불편하게 만든다. 이 모든 것이 성공할 경우, 견딜 수 없는 외부 상황으로 미루어 볼 때 자신의 무력감은 타당하며, 지극히 정당하다고 느낀다.

사실 상상이나 현실에서 자신에게 고통을 주고 스스로를 약하고 불행하게 만드는 이런 성향은 분명 다른 곳에 뿌리가 있다. 그 뿌리를 언급하면 여기서 자세히 다룰 수 없는 마조히즘의 현상으로 나아가게 될 것이다. 하지만 자신의 무력감을 변호하는 이런 합리화는 분명 상상이나 현실에서 자신의 고통을 증가시키는 요인 중 하나다.

또 다른 합리화군들은 앞에서 언급한 경우들에 비해 무력감을 덜 의식할 때 나타난다. 합리화는 정당화의 성격보다 위로의 성격을 띠고 자신의 무기력이 일시적일 뿐이라는 희망을 일깨우는 데 기여한다. 이런 위로의 합리화 중 가장 중요한 두 가지 형태는 기적에 대한 믿음과 시간에 대한 믿음이다. 기적에 대한 믿음은 외부에서 온 어떤 사건으로 인해 갑자기 자신의 무기력이 사라지고 성공, 능력, 권력, 행복에 대한 모든 소망을 이룰 것이라는 상상이다.

이런 믿음이 나타나는 형태는 극도로 다양하다. 흔한 것으로는 새로운 애정 관계, 다른 도시나 집으로의 이사, 새 양복, 새해는 물론이고 일이 더 잘되는 새로운 종이 한 장이 될 수도 있다. 그게 무엇이더라도 외부 상황의 어떤 변화가 급변을 몰고 올 것이라고 기대하는 것이다. 종교적인 사람의 경우, 기적에 대한 믿음은 종종 신이 갑자기 운명에 개입할 것이라는 형태를 띤다. 흔히 보이는 또 하나의 형태는 어떤 사람으로 인해 자신의 운명이 바뀔 것이라는 믿음이다. 예를 들어 이 의사, 저 의사를 찾아다니면서 그가 기적을 가져올 것이라고 기대하는 사람들이 그렇다. 위안을 주는 이 모든 상상의 공통점은 자기 자신은 원하는 성공을 위해 아무것도 할 필요가 없을뿐더러 아무것도 할 수도 없고, 외부의 힘이나 상태가 갑자기 소망을 이루어준다는 것이다.

특수한 형태로, 자신의 활동 덕분이라는 착각을 의식에 심는 마법적 행위가 인과적 영향을 불러온다고 믿기도 한다. 마법적 제스처의 내용은 아주 다양할 수 있다. 걸인에게 동냥을 하고, 나이 드신 친척 아주머니를 찾아뵙고, 자신의 의무를 정확하게 처리하거나 일을 시작하기 전에 3에서 30까지 센다. 어쨌건 기대는 항상 동일하다. 내가 이런저런 행동을 하면 만사가 내가 바라는 대로 바뀔 것이라고 생각하는 것이다. 모든 마법적 행위가 그러하듯 순수하게 주체의 생각 속에서만 존재하는 인과관계가 객관적 영향을 대체한다. 자신이 특정 행위를 마법적 제스처의 의미로 하고 있다는 사실을 당사자가 전혀 의식하지 못하는 경우도 빈번하다. 특히 강박 신경증 환자에게 마법적 제스처는 극도로 고통을 주는 의식으로 변질될 수 있다. 강박 신경증의 특징 중 하나가 바로 무력감이 심하고 그것을 극복하기 위해 마법적 제스처를 이용하는 점이다.

시간에 대한 믿음에서는 '갑작스러운 변화(변화의 돌연성)'라는 요소가 부재한다. 그 대신 '시간이 가면서' 모든 것을 얻게 될 것이라는 기대가 있다. 스스로 해결할 수 없다고 느끼는 갈등에 대해서도 직접 결단의 위험을 감수하지 않아도 시간이 지나면 절로 해결될 것이라 기대한다. 특히 자신의 능력과 관련하여 이런 시간에 대한 믿음이 자주 발견된다. 이루고 싶었던 일을 전혀 이루지 못한 것은 물론, 그럴 준비조차 못했다는 사실을 아직 시간이 많으니까 서두를 이유가 없다는 말로 위로한다.

이 메커니즘의 사례로 재능이 매우 뛰어난 어떤 작가를 들 수 있다. 그는 세계문학 역사에 남을 만한 책을 쓰고 싶지만, 쓰고 싶은 내용에 대해 일련의 생각들을 하고 자신의 책이 얼마나 획기적인 영향을 미치게 될까 상상하며 친구에게 거의 완성되었다고 말하는 것 말고는 아무것도 하는 일이 없다. 벌써 7년 동안이나 책 '작업'을 했지만 실제로는 아직 한 줄도 못 썼다. 그런 사람들은 나이가 들수록 시간이 성사시킬 것이라는 상상에 발작하듯 매달릴 수밖에 없다. 많은 경우 일정한 연령 — 평균적으로 40대 초반 — 에 도달하면 각성하여 상상을 포기하고 자력을 활용하려 노력하거나, 아니면 위안을 주는 시간의 착각 없이는 견딜 수 없기에 신경증으로 무너진다.

무력감을 희미하게 의식은 하면서도 극복할 수 있다는 희망으로 그 뾰족한 가시가 무뎌지는 경우, 무력감을 억압하는 세 번째 반응이 나타난다. 이 경우 무력감은 과보상 행동과 은폐 목적의 합리화로 대체된다. 과보상의 가장 흔한 경우가 분주함이다. 깊은 무력감을 억압한 사람들이 특별히 활동적이고 분주하다는 사실을 우리는 잘 알고 있다. 자신이나 다른 사람들이 무기력한 인간의 정반대라고 생각할 정도까지 분주하다. 그들은 항상 무슨 일이든 해야 한다. 자기 지위가 위험하다고 느끼면 이들은 위에서 설명한 대로 행동하지 않는다. 그 무엇도 시도할 수 없는 자신의 무능력을 입증하기 위해서 문제를 자꾸만 쌓아가지도, 기적이 일어나리라는 상상에 빠져 허우적거리지도 않는다. 오히려 이리저리 뛰어다니고 이것저것을 감행하여 위험을 막기 위해 극도로 활동적이라는 인상을 일깨운다.

만약 학술 논문을 써야 한다면 이들은 책상 앞에 앉아 있는 대신 도서관에서 십여 권의 책을 주문하고 중대한 의견을 내놓을 수 있는 전문가들과 면담을 하면서 온갖 시도를 다한다. 그런 행동으로 기대하는 성과를 올리기에는 자신이 무력하다는 통찰을 회피한다. '과도한 단체 활동'이나 다른 사람에 대한 쉼 없는 걱정, 카드게임이나 단골 술집에서 장시간 환담을 나누는 것 또한 다른 형태의 가짜 활력이다.

가짜 활력과 진짜 활력을 구분하는 것은 매우 힘들다. 가짜 분주함은 해결해야 할 문제에 비해 부차적이고 부수적인 것들에게까지 확장되며, 정작 해결해야 할 과제와는 전혀 관련이 없는 경우가 일반적이다. 신경증 환자를 보면 현실에 잘 적응한 건강한 사람들보다 진짜 활력과 분주함의 차이가 더 눈에 잘 띈다. 신경증 환자가 해결해야 하는 과제는 근본적으로 정해진 관행만 잘 따르면 실행할 수 있다. 진짜 활력은 전혀 필요 없는 것들이다. 신경증 환자는 일찍부터 현대인이 마주치는 일련의 문제들을 그저 관행에 따라 해결하는 훈련을 받았다. 아무도 그에게 다른 것을 기대하지 않기 때문에 설사 스스로 무기력을 인식한다 해도 우스꽝스러울 정도의 극단적인 분주함으로 무기력을 은폐해야 할 만큼 고통을 느끼지 않는다. 어쩌면 사회적 척도로는 활력으로 볼 수 있는 부분이 심리학적으로는 분주함으로 보일지도 모른다. 하나의 행동을 이 범주에 포함시키느냐 저 범주에 포함시키느냐를 두고 전혀 의견 일치를 볼 수 없는 경우도 종종 있다.

무력감에 대한 조금 더 과격한 반응으로는 상황을 가리지 않는 통제와 지휘의 노력을 꼽을 수 있다. 많은 경우 이런 소망은 순수하게 상상에 국한된다. 그럴 때 사람들은 자기라면 기업이나 대학을 실제 지도자보다 얼마나 더 잘 이끌어나갈 것인지 상상하고, 자신을 한 국가 혹은 전 인류의 독재자로 상상하며 그 자체에 탐닉한다. 물론 상상이 그런 정교한 수준에는 이르지 못하고 모호하게 남아 당사자가 별로 인식하지 못하는 경우도 있다. 그런 경우 그는 만나는 모든 사람보다 자신이 더 우월하리라는 기대감을 가끔씩 인식할 것이고, 이런 기대마저 억압당하면 사람들을 만날 때 분노의 반응을 보일 것이다. 이 분노 반응마저 억압되면 자기보다 잘난 사람에게 약간의 거부감과 수줍음을 보이는 것 말고는 전혀 눈에 띄는 점이 없다.

하지만 이런 과대망상은 정교함이나 의식의 여부와 관계없이 그 빈도와 강도가 실로 어마어마하다. 특히 중산층과 지식인에게서 그렇다. 물론 사람들이 거듭 각성을 하며 꿈에서 깨어나기 때문에 이 과대망상은 기존의 무력감을 보상하는 자신의 기능을 매우 불완전하게 수행한다. 통제와 권력을 향한 소망이 상상에 국한되지 않고 현실에서 행동으로 표현될 경우에는 다르다. 대규모 무기력을 소규모 실제 권력으로 대체하는 데 성공한다면 일생 동안 유지될 수 있는 균형이 형성된다. 이렇게 균형을 유지하는 가장 흔한 예로 유럽 소시민 계급의 남성을 들 수 있다. 그들은 사회적, 경제적 실존 측면에서 완벽하게 무기력하지만 아내나 자식, 기르는 개한테는 권력과 통제의 강렬한 열망을 품고 있다. 또 그것을 실현하고 만족시킬 수 있다.

신경증 환자들은 대부분 세계를 무기력한 영역과 권력이 있는 영역으로 구분할 수 없다. 모든 상황에서 통제와 권력을 향한 소망을 느끼므로 그 소망이 이루어질 수 없는 상황이라고 해서 달라지지도 않는다. 그들은 상사의 존재를 견디지 못하고, 항상 모든 것을 남들보다 더 잘 알고 더 잘한다는 기분에 사로잡히며, 모든 대화를 이끌어가려고 하며, 모든 사회에서 타인들을 지배하고자 한다. 통제와 권력을 향한 소망이 강렬하므로 남들이 보기에는 전혀 부족함이 없는 상황도 수치스러운 패배로 느낄 때가 있다. 극단적인 경우, 자신이 주도하고 통제하지 않는 모든 상태를 곧 패배와 무기력의 증거로 여기는데, 이런 사례 역시 자주 볼 수 있다. 이렇게 악순환이 일어난다. 통제와 권력에 대한 소망의 강화는 무력감에 대한 반응이자 그 강화의 뿌리인 것이다.

다른 억압이 그렇듯 무력감 역시 억압하면 의식에서 감정이 제거되기는 하지만 특정한 영향을 미치는 것까지 막지는 못한다. 무력감의 종류는 무력감의 의식 여부에 달려 있지만 무력감의 강도는 본질적으로 강렬함과 연관이 있다. 무력감이 불러오는 가장 중요하고 가장 일반적인 결과는 분노다. 특징적인 무기력이 나타나는 분노다. 이런 분노의 목적은 다른 종류의 분노처럼 뚜렷한 목표의식을 가지고 적극적으로 적을 제거하는 것이 아니다. 이 분노는 훨씬 더 모호하고 불분명하지만 훨씬 더 파괴적으로 외부 세계와 자신의 자아를 공격한다.

어린아이들은 발버둥을 치면서 분노를 표현하고 성인은 눈물을 흘리지만 때로 그 어떤 목적 지향성도, 행동과의 연관성도 없는 분노의 발작이 터지기도 한다. 그 무기력한 분노를 당사자가 인식하지 못하거나, 반항적이고 이기적인 행동으로 표현 및 대체되는 경우도 흔하다. 반항이 완전히 의식적일 수 있다. 그 어떤 명령도 따르기 싫어하고 사사건건 반대를 하며 매사 불만인 사람들이 여기에 속한다.

반항이 무의식적일 경우에는 보통 일반적인 거부의 이미지가 탄생한다. 그런 경우 당사자는 적극적이 되려 하고, 타인 혹은 자신이 자신에게 기대하는 일을 하려고 열심히 노력한다. 하지만 아무리 노력해도 항상 의욕이 없고 기분이 언짢으며, 그 어떤 주도권도 발휘할 수 없다. 분노와 반항이 의식에서 억압되는 데 그치지 않고 그 뿌리가 부러지거나 휘는 경우는 친절과 과도한 순응으로 표현되는 반응이 종종 나타난다.

분노의 결과는 항상 공포다. 분노가 억압될수록 공포도 커진다. 그 원인인 복잡한 메커니즘에 대해서는 여기에서 상세히 다룰 수 없지만 자신의 분노를 타인에게 투영하는 것이 가장 중요하다는 점을 강조하고 싶다. 자기 분노를 확실히 억압하기 위해 '내가 남들에게 화가 난 것이 아니라 남들이 나한테 화가 났다'라고 표현될 법한 감정이 탄생한다. 남들에게 증오와 박해를 받는다는 느낌이며, 그 결과 공포를 느낀다. 분노의 억압을 에두르는 이런 간접적 방법 외에 무력감에서 직접 나오는 공포도 있다. 자신의 목표를 달성할 수 없고 특히 타인의 공격을 막을 수 없다는 느낌은 어쩔 수 없이 새로운 공포를 탄생시킨다. 무력감은 공포를 낳고, 공포는 다시 무력감을 강화한다. 이런 악순환 탓에 한번 시작된 무력감은 점차 사라지지 않고 점점 더 강화되어 한 걸음 한 걸음 내디딜 때마다 더 깊은 수렁으로 빠져들게 되는 것이다.

정신분석을 진행하면 무기력과 그것을 은폐하는 다양한 형태, 무기력을 극복하려는 시도들을 관찰할 수 있다. 이런 환자들의 다수는 자신은 이미 너무 나이가 많고, 신경증이 가족 내력이며, 장기적으로 치료를 받을 시간이 없기 때문에 절대 변할 수 없다고 되풀이한다. 또 항상 자신을 합리화하기 위해 온갖 변명을 늘어놓는다.

그렇지만 정신분석을 해봤자 소용이 없을 것이라고 솔직하게 털어놓는 환자보다는 일정한 낙관론과 긍정적 기대가 의식을 지배하는 환자가 더 많다. 환자는 변하고 싶고 변할 수 있다고 느끼지만 조금 더 자세히 들여다보면 그가 세상 모든 것을 기대하면서도 오직 한 가지, 스스로 변화를 위해 무언가 할 수 있다는 기대만은 하지 않는다는 사실을 알 수 있다. 그는 의사가 정신분석을 통해 반드시 그에게 결정적인 일을 해줄 것이며, 그는 수동적으로 이 과정을 참고 견딜 수 있다고 기대한다. 실제로 그 어떤 변화도 믿지 않지만, 위에서 설명한 위안의 합리화로 불신을 은폐한다. 그는 '유아기 트라우마'만 밝혀지면 갑자기 큰 변화가 찾아올 것이라 기대한다. 혹은 5년 동안 치료를 받았는데도 아무 성과가 없지만 변화가 일어날 만큼 충분히 오래 치료를 받지 않은 탓이라고 여긴다.

우리는 정신분석 상황에서도 은폐와 과한 보상의 분주함을 재발견한다. 이런 환자들은 시간을 극도로 정확히 지키고 손에 넣을 수 있는 모든 자료들을 찾아서 읽는다. 모든 친구들에게 정신분석 치료를 받는다고 광고하고 '분석에 좋다'며 이런저런 준비를 한다. 그들이 이러는 이유는 인성의 근본 문제를 바꿀 준비도 능력도 없다는 사실을 스스로에게 숨기기 위해서이다.

'마법적 제스처'를 뜻하는 행동은 이와 밀접한 관련이 있다. 마법적 제스처에 큰 의미를 부여하는 환자는 특히 '모든 것을 정확히 하는' 데 신경을 쓴다. 그들은 의사의 지시를 최대한 정확하게 따르고, 의사가 지시하는 규칙과 규정이 많을 수록 만족한다. 그들은 정신분석의 의식을 충실히 따르기만 하면 그 마법으로 인성에 변화가 일어날 것이라고 생각한다.

이 자리를 빌려 정신분석 기술의 문제점에 대해 잠시 짚어보고 싶다. 아주 많은 사람들이 약화된 형태라도 무력감을 느낀다는 우리의 가정이 옳다면 정신분석 의사들 중에도 당연히 그런 사람이 있을 것이다. 그 경우 환자가 근본적으로 자신은 바뀔 수 없다고 확신하고, 의사 역시 비록 완전히 무의식적이긴 하지만 자신이 누구에게도 영향력을 미칠 수 없다는 확신을 품고 있다. 의사의 직업적이며 의식적인 낙관론 뒤에는 깊은 불신이 숨어 있다. 그는 정신분석 치료가 인간의 영향이라는 사실을 솔직하게 고백하기를 꺼린다. 여기서의 영향은 환자에게 특정한 세계관이나 행위를 유발시킨다는 의미는 아니다. 하지만 모든 치료나 교육과 마찬가지로 정신분석 역시 항상 영향을 전제로 하며, 그 영향을 공포증 환자처럼 기피하면 치료가 결코 성공할 수 없다는 사실을 의사는 잊고 있다. 이런 유형의 의사들은 대부분 자신의 무력감을 마법적 제스처를 통해 은폐시키려 한다. 환자들처럼 의사도 정신분석의 의식을 정확히 지키는 것이 전체 치료 과정의 핵심이라고 생각한다. 프로이트의 모든 규칙을 충실히 따르고 나서 할 수 있는 모든 일을 다 했으므로 환자에게 영향을 미칠 수 없는 자신의 실제 무기력을 굳이 의식할 필요가 없는 것이다. 이런 유형의 의사들이 정신분석의 의식을 특별히 중요시하는 것은 결국 자신의 무력감에 그 원인이 있음을 밝히는 것이다. 정신분석의 의식은 환자에게 미치는 실제 영향력을 대체하는 마법의 대용품이 되는 것이다. (…)

무력감과 그 결과를 설명하면서 주로 신경증의 형태들을 다룬 이유는 '정상적' 형태들보다 더 명확한 이미지를 제공하기 때문이다. 그러나 무력감의 발생 조건을 설명할 때는 시민사회에 일반적으로 존재하는 조건을 다루는 편이 더 유용하다. 그 조건이 심화될 경우 무력감의 신경증적 현상으로 발전하지만, 평균적 수준에서는 이것을 현대인의 정상적 무력감의 조건이라 추정해도 좋을 것이다.

무력감처럼 깊이 자리 잡은 강렬한 감정은 아주 어린 시절의 체험과 관계가 있을 것이라고 예상하는 것이 당연하다. 이는 시민계급 가정의 아동이 처한 상황을 우리가 관심있어 하는 관점에서 바라본다면 맞아떨어진다. 어른은 근본적으로 아이를 진지하게 대하지 않는다. 아이를 방임하거나 명백히 학대하는 경우에는 누가 봐도 이런 사정을 알 수 있다. 부모는 아이가 무가치하다고 의식적으로 믿고, 아이의 독자적 의지와 인성을 억압하려 한다. 그들에게 아이는 마음대로 해도 되는 의지가 없는 도구이므로 절대 아이가 무언가를 주문하도록 허용하지 않는다. 극단적인 경우 아이가 소망을 피력하려는 기색만 보여도 벌을 준다. 이런 상황에서는 아이가 스스로 무언가를 지시하거나 부모의 결정에 영향을 미치는 것, 독립적으로 무언가 이룬다는 것은 전혀 상상할 수 없는 일이다.

문제점이 잘 드러나지는 않지만, 아이를 너무 예뻐하고 응석받이로 키우면서 아이를 진지하게 대하지 않는 양육 태도 역시 심각하다. 응석받이 아이들은 분명 보살핌과 보호를 받지만 자신의 힘과 자신에게 힘이 있다는 느낌은 마비된 상태나 다름없다. 필요한 것은 전부 넘치도록 얻고, 원하는 모든 것을 바랄 수 있으며, 하고 싶은 모든 말을 할 수도 있다. 그러나 그들의 상황은 근본적으로 포로로 붙잡힌 왕자와 같다. 이 왕자는 명령을 들어줄 신하가 많고 물질적인 것들을 넘치도록 누릴 수 있다. 하지만 사실 모든 것이 비현실적이고 가짜다. 그의 명령은 감옥 문턱을 넘어서지 않는 경우에만 유효하기 때문이다. 그의 모든 권력은 망상이다. 자신이 포로라는 생각을 전혀 하지 않을 경우, 자유를 찾겠다는 바람이 전혀 없을 경우에 가장 잘 유지될 수 있는 망상이다. 그는 자신의 말을 하나도 어기지 말고 시중을 들라고 명령할 수 있지만 그를 가둔 성의 문을 열라는 명령을 내리면 신하들은 아무 말도 못 들은 것처럼 행동할 것이다.

이렇게 극단적 응석받이의 경우나 평균적인 '사랑으로' 보살핌을 받은 아이의 경우 모두 정도의 차이는 있겠지만 어른들이 아동을 진지하게 대하지 않은 것은 마찬가지이다. 공통적으로 아이는 자신의 권한으로는 아무것도 지시하거나 이룰 수 없으며 아무런 영향도 미칠 수 없고 무엇도 바꿀 수 없다. 얌전하게 말을 잘 들으면 원하는 것은 많이 얻을 수 있지만 그에게 주어지지 않은 것은 아무것도 얻지 못하며, 어른이 개입하지 않으면 아무것도 할 수 없다.

아동을 진지하게 대하지 않는 이런 태도는 보통 첫눈에 확 들어올 정도의 극적인 형태가 아니다. 여기서 말하는 영향력을 이해하려면 성인 행동의 아주 교묘한 특징들을 찾아야 한다. 아이가 독자적으로 말하거나 행동할 때 어른의 얼굴에 거의 인식할 수 없을 정도로 살짝 떠오른 미소가 때로 아이의 의지를 부수려는 가장 난폭한 시도 못지않게 충격적인 작용을 할 수도 있다. 부모가 적대적인 모습을 보이고 아이 역시 반항심을 키워 부모로부터 떨어져 나가 독자적인 삶을 시작해야 할 지점에서 부모의 친절이 모든 원칙적 반항심의 발전을 가로막아 아이를 점점 무능하고 무력하게 만든다. 정신분석을 진행하다가 어릴 적 부모가 필요 이상으로 오랫

동안 등굣길을 따라다니고 옷 입는 것을 도와주었을 때, 어떤 옷을 입을지, 옷을 많이 겹쳐 입을지 얇게 입을지 마음대로 결정할 수 없었을 때 얼마나 무력한 분노를 느꼈는지 문득 기억을 해내는 경우가 종종 있다.

아이를 진지하게 대하지 않는 태도는 또 다른 전형적 행동 방식으로도 표현된다. 아이에게 한 약속을 지키지 않고 특정한 질문에 진지하게 응하지 않거나 거짓으로 대답한다. 또 아이에게 이유도 말하지 않은 채 명령을 내린다. 물론 이런 행동들이 친절할 수도 있지만, 아이는 어른이 자신을 유념하지 않으며 근본적으로 자신의 뜻에 반하는 모든 것을 할 수 있다는 느낌에서 헤어나오지 못한다. 설사 약속을 지키고 대답을 하더라도 어른이 자기 행동이 특별하게 친절하거나 다정하다고 느낀다면 아이가 받는 느낌도 그와 다르지 않다. 오직 어른이 존중하는 다른 어른을 대하듯 아이에게도 똑같이 책임감을 느끼고 성실하고 신뢰를 느끼게 행동할 때에만 아이도 진지한 대접을 받는다고 느낀다.

아이의 상황을 대변하는 상징으로 손색이 없는 특정한 장난감이 있다. 바로 장난감 전화기다. 장난감 전화기는 진짜 전화기와 똑같이 생겼고 아이는 수화기를 들어 번호를 누를 수 있다. 다만 그 누구와도 연결이 안 된다. 아이는 누구와도 연락을 할 수 없다. 전화를 하는 어른과 똑같이 행동했음에도 아이의 행위는 그 어떤 결과도, 어떤 영향력도 없다.

이런 태도의 극단적인 사례들은 개인적인 상황이 그 원인일 수 있겠지만, 그 뿌리는 사회 전체와 그 사회가 결정하는 정신적 상태다. 첫 번째 요인은 아이를 현실과 완전히 분리시키는 것이다. 물론 프롤레타리아나 농민의 아이들은 정도가 훨씬 약하다. 하지만 시민계급의 아이들은 현실과 접촉하지 못하도록 확실히 보호를 받는다. 따라서 그의 세계는 어쩔 수 없이 공상, 유령 같은 성격을 띠게 된다. 아이는 겸손과 겸허, 이웃 사랑의 덕목을 배운다. 대다수의 사람들은 현실에 순응하고 자신의 행복에 대한 요구를 줄이고 일정 부분 그 덕목들을 실천할 필요가 있다. 하지만 유능한 상인이나 기타 다른 종류의 성공한 사람으로 성장할 소수 그룹은 이 규칙을 지키지 않아도 된다. 성공을 원한다면 요구 사항이 많고 인정머리가 없어야 한다. 아이들에게 잊어버리라고 설교하는 이 모든 성공의 비밀을 '엘리트'의 아들들은 제때에 발견한다. 하지만 다수의 대중은 이 비밀을 발견해서는 안 된다.

따라서 대부분의 사람들은 일생 동안 어리둥절한 채로 살며, 사회에서 실제로 무슨 일이 일어나는지 전혀 이해하지 못한다. 또 많은 사람들이 성공에 대한 욕구와 어린 시절에 배운 이상을 실현하고픈 소망의 충돌을 견디지 못하고 신경증을 앓는다. 아이를 대하는 어른의 태도로 미루어 볼 때 아이가 전혀 진지한 대접을 받을 수 없는 것은 당연한 결과다. 아이는 아직 어리석기 때문에, 다시 말해 삶에 대한 어른들의 게임 규칙을 전혀 알지 못하기 때문이다.

　　아이는 병자나 노인과 마찬가지로 진지한 대접을 받지 못한다. 비록 그 둘에게 적용하는 이데올로기가 정반대지만 말이다. 현대 사회는 인간의 가치를 경제적 능력에 바탕을 두고 평가한다. 어떤 사람에게 돌아가는 존중의 정도는 그의 경제적 생산력의 정도에 좌우된다. 경제적으로 어떤 잠재력도 없는 사람은 결국 인간적인 주목을 받지 못한다. 노인을 대하는 태도, 병원에서 환자를 대하는 태도를 세심하게 관찰해 보면 아이를 대하는 방식에서도 똑같은 태도를 발견하게 될 것이다. 냉혹한 무시부터 과도한 친절과 도움에 이르는 모든 감정의 수위가 바로 그것이다.

　　이처럼 아이를 진지하게 대접하지 않는 이유는 아이의 생물학적 무능력 때문이다. 분명 아이는 오랫동안 상대적으로 무능력하며 어른에게 의존한다. 그런데 이런 무능력이 어른들에게 기사도 정신이나 모성애의 성향만 일깨우는 것이 아니다. 사실은 의식적·무의식적으로 아이를 무시하고 멸시하는 성향을 더 많이 일깨운다. 더 넓은 의미에서는 가학이라고까지 부를 수 있는 이 성향은 사회에서 어른들이 맡은 역할에 원인이 있다. 전혀 통제할 수 없는 힘의 손아귀에 들어가 있는 사람은 그 무기력의 보상으로 자신보다 약한 사람을 대상으로 강하고 우월하다는 기분을 느끼려고 한다. 이런 사례에서 가학적인 성향은 그 자체로 의식되지 못하고 그저 아이의 생물학적 무능력을 과도하게 강조하는 성향, 아이를 진지하게 대하지 않는 태도로만 나타난다.

아이의 무력감이 탄생하는 조건은 더 높은 차원인 어른의 삶에서도 그대로 반복된다. 다만 어른의 경우, 누가 봐도 알 수 있게 무시하는 상황은 잘 나타나지 않는다. 반대로 어른은 그가 진정으로 바라고 노력하기만 한다면 원하는 모든 것을 이룰 수 있으며 성공도 실패도 전적으로 그의 책임이라는 말을 듣는다. 삶은 우연이 아닌 자신의 재능, 자신의 근면, 자신의 에너지가 일차적으로 결정을 하는 거대한 게임이라고 말이다.

이런 이데올로기는 실제 상황과 첨예하게 대립된다. 우리 사회의 성인들은 사실 믿을 수 없을 정도로 무기력하다. 자신이 약한 것이 다 자기의 책임이라고 믿게 될수록 무기력이 더욱 심한 압박으로 다가온다. 그에게는 자신의 운명을 결정할 힘이 전혀 없다. 그가 어떤 능력을 갖출 수 있는지를 출생의 우연이 결정한다. 일자리를 구할 수는 있을지, 어떤 직업을 선택할 수 있을지도 본질적으로 그의 의지나 노력과는 상관없는 요인들이 결정한다. 심지어 파트너를 선택하는 자유조차 경제적, 사회적 경계의 제약을 받는다. 기분, 의견, 취향은 주입된 것이며, 어떤 일탈을 저지르면 더 심한 고립으로 죗값을 치러야 한다. 세상이 활짝 열려 있다는 착각을 하며 시작한 사람들 중에서 어느 정도 독립된 경제적 안정을 이룬 사람의 비율이 얼마나 극소수인지는 통계를 보아도 잘 알 수 있다. (…)

현대인이 그의 행동을 결정하는 정신적 원인을 알지 못하는 상황은, 그가 시장이 규제하는 경제의 발전을 결정하는 힘을 미처 모르고 그냥 통찰할 수 없는 운명의 힘이라고 여기는 것과 상응한다. 현대 사회에서는 자신이 어떻게 돌아가는지 알기 위해서는 특수한 정치경제학이 필요하다. 마찬가지로 개인의 인성이 어떻게 작동하는지 알기 위해, 다시 말해 자기 자신을 이해하기 위해서는 정신분석이 필요하다. 경제 및 정치 방식의 복잡한 과정은 물론이고 정신의 과정도 통찰할 수 없는 상황으로 인해 무력감이 극심해진다. 설사 자신은 어떻게 작동하는지 안다고 믿어도 이런 착각이 상황을 바꾸지는 못한다. 그는 여전히 사회에서, 자기 자신에게서 작용하는 기본적인 힘에 대해 거의 아는 바가 없다. 100가지 세부사항을 살펴보고 이것 혹은 저것에 매달리고, 하나로 전체를 이해하려 노력하지만 그래 봤자 새롭게 나타난 것에 거듭 놀라고 당황할 뿐이다.

적극적으로 행동하고 자신 및 사회의 운명에 영향력을 행사하기 위한 첫 번째 조건은 결정적인 힘과 상황을 올바르게 통찰하는 것이다. 때문에 무지와 인식의 결핍은 개인을 무력하게 만드는 결과를 초래하고, 무력감을 인식하지 않으려고 온갖 망상을 총동원하여 절망적으로 저항해 봤자 개인은 결국 내면적으로 그 무기력을 인식하게 된다. 올바른 사회 이론, 개인에게 적용할 올바른 심리학 이론을 갖추지 못한 것은 무력감의 중요한 원인이다. 이론은 행동의 조건이다. 하

지만 이론이 존재하더라도, 심지어 그 이론에 살짝 다가간다
하더라도 인간은 아직 적극적 행동에 나설 능력이 없다.

07

정보는 어떻게 우리를 지배하는가

선생님, 감사합니다.

태어날 준비는 용기와 믿음을 필요로 한다.
안전을 포기할 용기. 타인과 달라지겠다는 용기.
고립을 참고 견디겠다는 용기다.

우리 모두는 믿을 수 있는 진짜와 순수 허울을 구분하는 법을 배워야 한다. 오늘날에는 이 둘을 구분하는 사람들의 능력이 현저히 줄었다. 대부분의 사람들이 현실을 믿지만 그것은 이미 미친 사람들에게서 전형적으로 나타나는 혼동이다. 대부분의 사람들은 진짜와 허울의 차이를 더 이상 보지 못한다. 무의식적으로는 그 차이를 너무나 잘 인식하면서도 말이다.

어떤 사람이 장미를 보고 "이것은 장미다." 혹은 "나는 장미를 본다."고 주장한다고 가정해 보자. 그는 정말 장미를 볼까? 실제로 장미를 보는 사람들도 많겠지만 대부분은 그렇지 않다. 그럼 그들은 어떤 경험을 하는 것일까? 그들은 하나의 대상(장미)을 보면서 자신들이 본 대상이 '장미'라는 개념에 해당되며, 이런 이유에서 "나는 장미를 본다."는 그들의 주장이 옳다고 말한다. 여기서 강조점이 보는 행위에 찍힌 듯하지만 실제로는 순수 인지적 이해와 그것의 언어화에 있다. 이런 방식으로 장미를 본다고 주장하는 사람은 실제로는 자신이 말을 배웠다는 사실만을 주장하는 것이다. 그는 구체적 대상을 인식하고 올바른 단어로 분류하는 방법을 배웠다. 여기서 '보는 행위'는 실제로 보는 행위가 아니라 그 본질상 지적 행위이다. 그렇다면 보는 행위의 참뜻은 무엇인가?

　구체적인 예를 들어 설명하는 것이 가장 좋겠다. 어떤 여자가 부엌에서 완두콩을 깠는데 잠시 후에 만난 지인에게 아주 신이 나서 이렇게 말한다. "오늘 아침 정말 놀라운 일을 경험했어요. 완두콩이 굴러가는 것을 난생처음 봤지 뭐예요." 그 말을 듣는 많은 수의 사람이 약간의 불쾌감을 느낄 것이고 저런 말을 하는 저 여자가 정상이냐고 자문할 것이다. 그들은 완두콩이 굴러가는 것은 당연한 일이라고 생각한다. 놀랄 일이라면 그저 어떤 사람이 그것을 보고 놀랄 수 있다는 사실뿐인 것이다. 하지만 완두콩이 굴러가는 것을 본

그들이 실제로 경험한 것은 둥근 물체는 기울고 상대적으로 매끈한 표면에서는 구른다는 지식의 확인에 불과하다. 완두콩이 굴러가는 것을 본다면 그것은 그들의 지식을 확인한 것일 뿐 인류 전체가 굴러가는 완두콩을 완벽하게 인식한다는 의미가 아닌 것이다.

굴러가는 공을 본 어른의 행동과 두 살 아기의 태도는 눈에 띄게 다르다. 아이는 전혀 지루해하지 않고 공을 계속 바닥으로 던지고 굴러가는 모습을 백번도 바라볼 수 있다. 왜 그럴까? 공이 굴러가는 모습을 보고 그것을 이성으로만 인식하는 경우 한 번의 경험으로 족하다. 두 번, 세 번, 다섯 번 경험해도 새로울 것이 없다. 다른 말로 하면 계속 반복해서 보면 지겨워지는 것이다. 하지만 아이들의 경우 굴러가는 공을 보는 일차적 이유가 지적 경험이 아니라 재미다. 테니스 경기에서 공이 왔다 갔다 하는 것을 보면서 많은 어른들이 재미를 느끼는 것과 같다.

우리가 나무를 보면서 그것을 완벽하게 인식한다면, 나무의 완벽한 현실, 그것의 본질을 보고 우리의 온 인격으로 응답한다면 우리의 경험은 나무를 그릴 수 있는 전제 조건이 된다. 경험한 것을 그림으로 그릴 수 있는 기술적 재주를 갖추었는지의 여부는 다른 문제지만 화가가 자신의 특수한 대상을 우선 완벽하게 인식하고 그에 맞게 응답하지 않는다면 절대 좋은 그림이 나올 수 없다.

이 차이를 또 다른 측면에서 설명해 보자. 순수한 개념적 인식으로의 나무는 개성을 갖지 않으며 그저 '나무' 종의 한 가지 사례에 불과하다. 나무는 추상의 대변인에 불과하다. 반대로 완벽한 인식의 경우에는 추상이 없다. 나무는 완벽한 구체성과 더불어 유일성을 간직한다. 그럴 경우 세상에는 나와 인연을 맺고 내가 보고 응답하는 이 나무 한 그루밖에 없다. 이 나무는 내 고유의 창작품이 되는 것이다.

보통 우리가 인간을 볼 때 경험하는 것은 사물을 볼 때 경험하는 것과 다르지 않다. 우리가 특정한 한 사람을 본다고 믿을 때 무슨 일이 일어날까? 우리는 우선 부수적인 것들을 본다. 그 사람의 피부색, 옷을 입은 방식, 사회적 지위, 얼마나 교육을 받았는가, 그가 친절한가, 그가 우리에게 유익할 수 있는가 같은 것들을 본다. 우리가 우선 알고자 하는 것은 그의 이름이다. 우리는 그의 이름을 듣고 그를 분류한다. '이것은 장미다'라고 말하면서 나무 한 그루를 분류하는 것과 같다. 우리가 그를 인식하는 방식은 그가 자기 자신을 인식하는 방식과 지나칠 정도로 똑같다. 우리가 그에게 누군지 묻는다면 그는 우선 자기 이름은 '존스'라고 대답할 것이다. 그 대답으로는 여전히 그에 대해 알지 못하겠다고 하면 그는 결혼을 했고 의사이며 두 아이의 아빠라고 말할지 모르겠다. 그래도 여전히 이 남자를 안다는 느낌이 들지 않는 사람이 있다면 그는 분명 필요한 통찰력이 부족하거나 과도하게 나서는 사람일 것이다.

우리는 구체적인 사람에게서 추상을 본다. 그가 자신과 우리에게서 추상을 보는 것과 마찬가지이다. 그 이상을 보고 싶은 마음은 없다. 우리 모두에게는 일반적인 공포증이 있는데, 그 공포증 때문에 우리는 한 사람에게 너무 가까이 다가가거나, 표면을 뚫고 핵심까지 밀고 들어갈지도 모른다고 겁을 낸다. 그래서 차라리 조금만 보려고 하며, 그때그때 우리의 계획을 위해 반드시 보아야 하는 것 이상은 보지 않으려고 한다. 이런 식의 피상적 친밀함은 다른 사람에 대해 무관심한 우리 감정의 내적 상태에 상응한다.

하지만 그게 전부가 아니다. 우리는 그 사람을 슬쩍 피상적으로 보기만 한 것이 아니다. 우리는 그를 많은 관점에서 비현실적으로 보기도 한다. 일차적 원인은 투영이다. 우리는 화가 나면 그 화를 다른 사람에게 투영하고 그 사람이 화가 났다고 믿는다. 우리가 허영심이 있으면 상대가 허영심이 있다고 느낀다. 우리가 겁이 나면 그가 겁을 낸다고 상상한다. 우리는 그를 입고 싶지 않은 옷을 주렁주렁 걸어놓은 옷걸이로 만들어서 그 모든 것이 그라고 믿으며, 그가 우리가 그에게 입힌 옷에 불과하다는 사실을 눈치채지 못한다.

우리는 투영만 하는 것이 아니라 상대의 이미지를 왜곡하기도 한다. 우리 자신의 감정이 타인을 있는 그대로 보지 못하게 만들기 때문이다. 이런 결과를 초래하는 가장 중요한 세 가지 특성은 불교 교리에서 말하는 탐(탐욕), 진(성냄), 치(어리석음)에 해당하는 3독이다. 탐욕을 갖고 상대에게 무언가를 원할 때 상대를 객관적으로 볼 수 없다는 사실은 굳이 말할 필요가 없을 것이다. 우리는 우리의 탐욕이 원하는 대로, 우리의 분노가 강요하는 대로, 우리의 어리석음이 상상하는 대로 상대를 왜곡한다.

다른 사람을 사실대로 본다는 것은 그를 투영 없이, 왜곡 없이 객관적으로 본다는 뜻이며, 이는 투영과 왜곡을 낳는 자기 내부의 신경증적 '악덕'을 극복한다는 의미이다. 내적 현실과 외적 현실을 인식하기 위해 완벽하게 각성한다는 의미이다. 그런 내면의 성숙에 도달한 사람만이, 자신의 투영과 왜곡을 최소한으로 줄일 수 있는 사람만이 창조적으로 살 것이다.

한 사람을 그의 온전한 현실로 보는 경험은 때로 갑작스러운 경험처럼 느껴져서 깜짝 놀랄 수도 있다. 어떤 사람을 백 번이나 봤는데 백 번째 만남에서 갑자기 그를 완전하게 보고 예전에는 한 번도 그를 제대로 본 적이 없었다는 느낌을 받는다. 그에 대한 우리의 새로운 이미지와 과거의 이미지 사이에 존재하는 차이로 인해 그의 얼굴, 동작, 눈동자, 목소리가 더 강렬하고 구체적인 새로운 현실성을 획득한다. 그렇게 우리는 '본다'와 '본다'의 차이를 배울 수 있다. 친숙한 풍경, 세계적으로 유명한 그림 혹은 그 밖의 익숙한 사물을 보면서도 같은 경험을 할 수 있다.

한 사람이나 사물의 전체를, 그것의 온전한 현실을 본다는 것은 현실에 꼭 들어맞는 응답을 하기 위한 조건이다. 대부분의 응답은 인식과 마찬가지로 비현실적이며 순수하게 지적이다. 신문에서 인도의 기아에 대한 기사를 읽으면 나는 거의 반응을 하지 않거나 생각으로만 반응한다. 너무 끔찍하다는 생각, 가엾다는 생각, 혹은 기껏해야 공감한다는 생각으로 반응할 것이다.

하지만 누군가 내 앞에서 고통 받는 광경을 본다면 사정이 다르다. 나는 가슴으로, 온몸으로 반응할 것이다. 그와 함께 아파하고 그를 돕고 싶다는 충동을 느끼고 그 충동을 따를 것이다. 하지만 어떤 사람의 구체적인 고통이나 행복을 대면하는 나는 피상적으로만 반응할 뿐이다. 그런 상황에서 적당한 감정을 '생각'해서 적당한 행동을 하지만 그럼에도 거리를 유지한다. 현실적인 의미에서 반응하고 응답한다는 말은 나를 아프게 하고, 기쁘게 하고, 현실을 이해하게 해주는 내 모든 인간적 힘을 총동원하여 응답한다는 의미다. 그럴 때 나는 있는 그대로의 상대에게 반응한다. 타인에 대한 나의 체험이 있는 그대로의 그를 향하고 나의 응답을 결정하는 것이다. 나는 머리나 눈이나 귀로 응답하지 않는다. 있는 그대로의 내 온 인격으로 응답한다. 내 온몸으로 생각하고 내 가슴으로 본다. 어떤 대상에게 내 안에 존재하는 실제의 힘으로, 그야말로 응답의 능력을 가진 온 힘으로 응답한다면 그 대상은 대상이기를 멈춘다. 나는 그것과 하나가 되어 더 이상 단순한 관찰자가 아니게 된다. 나는 그것의 재판관이 아니다. 이런 식의 응답은 보는 자와 보여지는 대상, 관찰자와 관찰 대상이 둘이면서 동시에 하나가 되는 완벽한 관계의 상황에서 가능하다.

이렇게 보고 응답하고 인식하고 인식 대상을 알아보는 감각을 갖추려면 어떤 조건이 필요할까? (진짜 삶의) 첫 번째 조건은 감탄의 능력이다. 아이들은 이 능력을 아직 갖고 있다. 노력을 총동원하여 새로운 세상에서 방향을 찾고 항상 새로운 사물을 붙잡아 알아간다. 당황하고 놀라고 감탄할 수 있으며 이를 통해 창조적으로 응답할 수 있다. 하지만 교육과정을 거치면서 대부분의 사람들이 감탄의 능력을 잃는다. 이제 자신은 모르는 것이 없으며, 감탄은 무지의 증거라고 생각한다. 세상은 더 이상 기적으로 가득하지 않고 사람들은 세상을 당연한 것으로 받아들인다. 하지만 감탄의 능력이야말로 예술과 학문의 모든 창조적 결과를 낳는 조건이다.

프랑스 수학자 쥘 앙리 푸앵카레는 이렇게 말했다. "과학의 천재성은 놀라는 능력이다." 수많은 과학의 발견이 바로 이런 식으로 이루어졌다. 수많은 사람들이 이미 목격하고도 전혀 놀라지 않았으며 감탄하며 걸음을 멈추지도 않았던 현상을 놀라는 능력이 있는 학자가 관찰한다. 너무나 당연한 것이 그에게는 문제가 되기에 그의 생각이 작업을 시작하게 되고, 그것이 발견의 시작이다. 그를 창조적 학자로 만든 것은 문제를 해결하는 능력이 아니다. 해결 능력은 극히 일부일 뿐, 보통의 학자들이 당연하게 받아들인 것을 보고 감탄하는 그의 능력이 그를 창조적이게 했다.

(진짜 삶의) 두 번째 조건은 집중력이다. 서구 문화에서는 희귀한 것이다. 우리는 늘 분주하지만 집중하지 못한다. 어떤 일을 하고 있으면서도 이미 다음 것을, 지금 하는 일을 끝마칠 수 있는 그 순간을 생각한다. 최대한 많은 일을 동시에 한다. 아침 식사를 하면서 라디오를 듣고 신문을 읽으며, 그 와중에 아내와 아이들과 대화를 나눈다.

다섯 가지 일을 동시에 하면서 그 어떤 일도 제대로 하지 않는다. 여기서 '아무것도 안 한다'는 말은 그 일이 우리 자신의 표현이 아니라는 뜻이다. 진정으로 집중을 할 때는 지금 이 순간에 하는 일이 이 세상에서 가장 중요하다. 어떤 사람과 이야기를 나누건, 어떤 글을 읽건, 산책을 하건, 이 모든 일을 집중해서 한다면 나에게는 지금 여기서 내가 하는 일보다 더 중요한 것이 없다. 대부분의 사람들은 과거나 미래에서 산다. 하지만 실제 경험으로서의 과거나 미래는 존재하지 않는다. 지금 여기만이 존재한다. 그러므로 신성한 인식과 응답은 여기 지금에서만 존재한다. 지금 이 순간 하고 보고 느끼는 것에 전념한다면 말이다.

'내'가 하고 느끼는 것과 관련하여서는 내가 나 자신을 어떻게 경험할 수 있는가의 문제가 아직 남아 있다. 자아 경험의 능력은 진짜 삶의 또 한 가지 조건이다. '나'는 아이가 마지막으로 배우는 단어들 중 하나이지만, 일단 배우고 나면 아이는 그 말을 아주 유창하게 써먹는다. 예를 들어 의견을 말하고자 할 때 우리는 '나는 이런저런 것을 믿는다'라고 말한다. 하지만 이 의견을 분석해 보면 그 사람은 그저 누군가에게 전해 들었거나 신문에서 읽었거나 어릴 적 부모에게서 배운 것을 말했을 뿐이라는 사실을 알 수 있다. 그는 자신이 생각한다고 상상하지만 사실은 '그것이 내 안에서 생각한다'는 표현이 더 옳을 것이다. 그는 레코드플레이어와 같은 착각을 한다. 생각을 할 줄 안다면 레코드플레이어는 이렇게 말할 것이다. "나는 지금 모차르트의 심포니를 연주해." 하지만 우리 모두는 우리가 레코드판을 턴테이블에 걸었고 그것이 자기 안에 녹음된 음악을 그저 재생할 뿐이라는 사실을 잘 알고 있다.

생각에 해당되는 내용은 감정에도 해당된다. 예를 들어 각

테일파티에서 누군가에게 기분이 어떤지 물었더니 그가 이렇게 대답한다. "기분이 좋아요. 정말 재미있어요." 하지만 파티 장소를 나서는 그를 관찰해 보니 그는 갑자기 슬픈 표정을 짓는 동시에 피곤해 보인다. 아마 그는 그날 밤 꿈을, 진짜 악몽을 꿀지도 모른다. 그가 정말 행복했을까? 겉으로 보면 실제로 행복했던 것 같다. 술을 마시고 미소를 짓고, 역시나 술을 마시고 이야기를 하고 미소를 짓는 다른 사람과 이야기를 나누는 자신의 모습을 보았기 때문이다. 그래서 그는 자신도 다른 사람들과 마찬가지로 행복하고 기분이 좋다는 결론을 내린다. 어쩌면 슬프고 지루하고 무관심했을지도 모르지만 상황이 그에게 요구하는 감정, 사람들이 그에게 기대하는 감정을 스스로도 느낀다고 믿었다.

하지만 자신의 자기와 자아를 진정으로 느끼는 사람은 스스로를 자기 세계의 중심으로, 자기 행동의 진짜 장본인으로 경험한다. 그것이 바로 내가 말하는 독창성이다. 내가 말하는 독창성은 새로운 발견이 아니라 나 자신에게 기원을 두는 경험이다.

모든 사람에게는 반드시 자기 자신의 감정, 즉 정체감이 필요하다. 이 '자아' 감정이 없다면 우리는 미치고 말 것이다. 하지만 정체감은 우리가 사는 문화에 따라 다르다. 개인이 아직 개체가 아닌 원시 사회의 '자기' 감정은 '나는 우리'라는 말로 설명할 수 있을 것이다. 나의 정체감은 내가 나를 집단과 동일시하는 것이다. 진화의 과정이 진척되고 스스로를 개체로 인식하는 정도에 따라 정체감이 집단과 분리된다. 독자적 개체인 그는 이제 스스로를 '나'로 느낄 수 있어야 한다.

'자아' 감정과 관련하여서는 수많은 오해가 존재한다. 심리학자들 중에는 이 감정을 자신에게 할당된 사회적 역할의 반영에 불과하다고 보는 사람이 적지 않다. 타인이 그에게 거는 기대에 대한 반응에 불과하다는 것이다. 경험상 그것이 우리 사회 대부분의 사람들이 경험하는 자아의 방식이긴 하지만 그럼에도 그것은 짙은 불안과 공포, 강박적인 순응의 욕망을 초래하는 병리학적 현상이다. 이런 공포와 순응의 강박은 나 자신을 창의적인 내 행위의 장본인으로 느끼는 '자아' 감정을 키워야만 극복할 수 있다. 하지만 그 말이 결코 자기중심적이거나 이기적이 되라는 의미는 아니다. 정반대로 나는 나를 타인과의 관계의 과정에서만 '나'로 느낄 수 있다.

타인과 아무런 관계도 없이 고립될 경우에는 나의 정체성과 나의 자아라는 감정을 전혀 키울 수 없다는 공포에 사로잡힌다. 나는 정체감 대신 내 인격을 소유한다는 감정을 느낀다. 그러면 나는 나의 소유물이 된다. 나의 지식, 신체, 기억을 포함하여 내가 소유한 모든 것이 나를 구성한다. 하지만 이는 앞에서 설명한 자아의 경험이 아니다. 그럴 때 나의 자아는 사물로서의, 소유물로서의 나의 인격에 집착하는 '자아'이다. 이런 태도를 취하는 사람은 실제로는 자기 자신의 포로다. 감금당했기에 어쩔 수 없이 불행하고 공포에 사로잡힌 포로다. 진정한 자아감을 획득하기 위해서는 자신의 인격을 부수어야 한다. 사물로서의 자기 자신에게 더 이상 집착해서는 안 된다. 창조적 응답의 과정에 있는 자기 자신을 경험하도록 배워야 한다. 여기서의 역설은 그가 이렇게 자기 자신을 경험하는 과정에서 자기 자신을 잃어버린다는 것이다. 그는 자기 인격의 경계를 초월하며, '나다'라고 느끼는 순간 '나는 너다' '나는 온 세상과 하나다'라고도 느낀다.

(진짜 삶의) 또 한 가지 조건은 회피하지 않고 양극성에서 나오는 갈등과 긴장을 받아들이는 능력이다. 이런 생각은 갈등은 최대한 피해야 한다는 요즘 사람들의 생각과 완전히 반

대된다. 현대의 교육은 그 전체가 아이에게서 갈등의 경험을 덜어주는 것이 목적이다. 모든 것을 수월하게 해주고 아이를 정성껏 보살핀다. 윤리적 규범들이 너무나 평준화되어 소망과 규범의 갈등을 체험할 기회도 거의 없다. 갈등은 해로운 것이기에 피해야 한다는 생각은 일반적으로 널리 퍼진 오류다. 사실은 그 반대다. 갈등은 감탄의 원천이며, 자신의 힘과 흔히 '성격'이라 부르는 것을 개발하는 원천이다. 갈등을 피하면 인간은 마찰 없이 돌아가는 기계가 된다. 일체의 격정이 금방 가라앉고 모든 소망이 자동적으로 이루어지며 모든 감정이 차분해지는 기계다. 개인적이고 우연한 갈등도 존재하지만 인간 실존에 깊이 뿌리내린 갈등도 존재한다. 실존의 갈등이란 우리가 우리의 몸을 통해, 그 몸의 욕망과 욕망의 최종적인 말살을 통해 동물의 왕국에 소속되지만, 동시에 우리 자신의 의식을 통해, 우리의 상상력과 창의력을 통해 이 동물의 왕국과 본성을 초월하는 사실 탓에 생겨나는 갈등이다.

우리는 인간종이 누리거나 언젠가 누리게 될 모든 가능성을 대변하지만 짧은 생애 동안 이 가능성 중에서 미미하게 작은 부분밖에는 실현하지 못한다. 우리는 계획을 세우고 예방 조치를 취하지만 우리의 의지와 계획과 전혀 무관한 우연에 지배당한다. 우리는 이런 갈등을 의식적으로 인식하고 심오하게 경험하며 이성뿐 아니라 감정으로도 수용해야 한다. 부인하거나 지적으로만 경험할 경우 수박 겉핥기식의 피상적인 체험밖에 할 수 없다.

또 한 가지, 우리가 외면하고자 하는 것은 갈등만이 아니라는 사실도 지적해야겠다. 우리는 갈등뿐 아니라 양극성도 부인하려 한다. 이 양극성은 많은 분야에서 존재한다. 개인적 차원에서는 기질의 양극성이 있겠고, 사회적 차원에서 가장 중요한 양극성은 남성과 여성이다. 그 양극은 지금 어떻게 되었는가? 많은 것들을 그릇된 평준화로 처리해서 동등하게 여기게 된 탓에 우리는 이 양극성을 심하게 축소시켰다. 현대 사회에서 인간이 사물로 변할수록 남성과 여성도 사물이 되고 그들 사이에 존재하는 양극성도 축소된다. 이 과정에서 성적 매력도 강도가 심하게 줄어든다. 성적 매력은 남성의 극과 여성의 극이 형성하는 우주적 양극성에서 샘솟는다. 사랑은 훌륭한 동지애로 변모하고 그와 동시에 진짜 성적인 성격과 열정적 성격을 상실한다.

물론 현대 문화가 양성 동등권을 통해 엄청난 진보를 이루었음은 부인할 수 없는 사실이다. 인종의 동등권 실행과 관련하여서도 빠른 진보를 이루었다. 하지만 우리는 이 성과에 진정으로 자부심을 느낄 수 없다. 한쪽 면에서 보면 분명 좋을 일이지만 달리 보면 차이와 양극성의 홀대로 그 값을 치렀기 때문이다.

원래 평등은 모든 인간은 그 자체로 위인이며 결코 타인을 어떤 목적을 위한 수단으로 삼아서는 안 된다는 의미에서 우리 모두가 동등하다는 의미다. 종교적으로 번역한다면 만인은 신의 자녀이며 다른 인간을 자신의 신이나 주인으로 삼아서는 안 된다는 의미다. 평등이란 우리 모두가 온갖 차이에도 불구하고 동일한 인간적 존엄성을 가진다는 의미다. 우리에게는 우리의 차이를 개발할 권리가 있지만, 그 차이를 타인을 착취하는 데 이용할 권리는 누구에게도 없다는 뜻이다. 하지만 오늘날의 평등은 무리와 달라서는 안 된다는 의미의 동일성이다. 차이가 평등의 원칙을 위협할 수 있다는 일반적인 공포가 지배하는 것이다.

(진짜 삶을 산다는 것은) 매일 새롭게 태어날 준비를 하는 것이다. 실제로 탄생은 아이가 태아로 존재하기를 포기하고 스

스로 숨 쉬기 시작할 때 일어나는 단 한 번의 과정이 아니다. 이 사건은 생물학적 인상과 달리 그렇게 결정적인 사건이 아니다. 신생아는 스스로 숨을 쉬기는 하지만, 단지 엄마 몸의 일부였던 태어나기 전과 마찬가지로 무능력하고 엄마에게 의존한다. 생물학적 발전을 보더라도 탄생은 수많은 개별 단계로 구성된다. 시작은 엄마의 자궁을 떠나는 것이지만 그 후로도 엄마의 젖, 엄마의 품, 엄마의 손을 떠나야 한다. 말하고 걷고 먹는 등 새로운 능력을 획득하는 것은 동시에 과거 상태를 떠난다는 의미다.

인간은 인간 고유의 이분二分의 지배를 받는다. 인간은 안전을 의미하는 과거 상태의 포기를 두려워하지만 자신의 힘을 더 자유롭게, 더 완전히 사용할 수 있는 가능성을 제공하는 새로운 상태에 도달하고자 한다. 인간은 자궁으로 돌아가고 싶은 소망과 완전히 새로 태어나고 싶은 소망 사이를 항상 이리저리 오간다. 모든 탄생의 행위는 용기를 필요로 한다. 놓아버릴 용기, 자궁을 포기하고 엄마의 가슴과 품을 떠나며 엄마의 손을 놓고 마침내 모든 안전을 버리고 단 하나, 즉 사물을 실제로 인식하고 그것에 응답하는 자신의 힘만을 믿는 용기를 필요로 한다.

태어날 준비 ─ 모든 안전과 착각을 포기할 준비 ─ 는 용기와 믿음을 필요로 한다. 안전을 포기할 용기, 타인과 달라지겠다는 용기, 고립을 참고 견디겠다는 용기다. 성경에 나온 아브라함의 이야기에서 말하는 용기, 즉 자신의 나라와 가족을 떠나 미지의 땅으로 갈 용기다. 자신의 사고뿐 아니라 자신의 감정과 관련하여서도 진리 말고는 그 무엇도 추구하지 않겠다는 이런 용기는 믿음을 바탕으로 해야만 가능하다. 여기서의 믿음은 오늘날 우리가 흔히 생각하는 그런 믿음, 즉 과학적으로 혹은 이성적으로 입증할 수 없는 이념에 대한 믿음이 아니다. 구약에서 믿음을 칭하는 단어 '에무나emuna'가 확신을 뜻하는 것과 같은 믿음이다. 사고와 감정에서 자기 경험의 현실성을 확신하고 믿고 신뢰할 수 있는 것이 믿음이다.

Freud, S., 1930a: *Das Unbehagen in der Kultur,* in: *Gesammelte Werke* (G. W.), Frankfurt: S. Fischer Verlag 1960, Band 14, S. 419–506.

Fromm, E.: *Gesamtausgabe in zwölf Bänden* (GA), hg. von Rainer Funk, Stuttgart und München (Deutsche Verlags-Anstalt) und München (Deutscher Taschenbuch Verlag) 1999:

— 1936a: "Sozialpsychologischer Teil", GA I, S. 139–187.

— 1947a: *Psychoanalyse und Ethik. Bausteine zu einer humanistischen Charakterologie*, GA II, S. 1–157.

— 1956a: *Die Kunst des Liebens.* GA IX, S. 439–518.

Hartoch, A., 1956: "The Childs Reaction to the Rorschach Situation", in: L. B. Murphy, *Personality in Young Children,* Band I: *Methods for the Study of Personality in Young Children,* NewYork: Basic Books, 1956, S. 153–180.

Horney, K., 1937: *The Neurotic Personality of Our Time,* NewYork: W. W. Norton and Co., 1937; deutsch: *Der neurotische Mensch unserer Zeit,* Stuttgart: J. G. Cotta'sche Buchhandlung Nachf., 1951.

Marx, K. (zusammen mit F. Engels): *Historisch-kritische Gesamtausgabe* (=MEGA). Werke — Schriften — Briefe, im Auftrag des Marx-Engels-Lenin-Instituts Moskau, hg. von V. Adoratskij, 1. Abteilung: Sämtliche Werke und Schriften mit Ausnahme des Kapital, zit. I,1-6, Berlin 1932; - Karl Marx und Friedrich Engels: *Werke* (=MEW), hg. vom Institut für Marxismus-Leninismus beim ZK der SED, Berlin (Dietz Verlag):

— *Das Kapital (1894),* 3 Bände, MEW 23 bis 25.

— *Die deutsche Ideologie,* MEGA 1, 5.

Paz, O., 1962: *The Labyrinth of Solitude,* NewYork: Grove Press, 1962.

1 "Der Mensch erlebt sich selbst nicht mehr als etwas Eigenes"
   Die moralische Verantwortung des modernen Menschen (1958d,
   GA IX, S. 319‒326) Copyright © by The Estate of Erich Fromm

2 "Die Fragen, nicht die Antworten machen das Wesen des Men-
   schen aus"
   Einleitung zu E. Fromm und R. Xirau, The Nature of Man (1968a,
   GA IX, S. 375‒381) Copyright © by The Estate of Erich Fromm

3 "Freiheit‒die authentische Realisierung der Persönlichkeit"
   Einleitung zu E. Fromm und R. Xirau, The Nature of Man (1968a,
   GA IX, S. 381‒389) Copyright © by The Estate of Erich Fromm

4 "Das Selbst ist in dem Maße stark, wie es aktiv tätig ist"
   Die Furcht vor der Freiheit (1941a, GA I, S. 367‒372 und S. 358‒
   366) — Abdrunk mit freundlicher Genehmigung der Deutschen
   Verlags ‒ Anstalt München

5 "Der Mensch verkauft nicht nur Waren, er verkauft sich selbst"
Die Furcht vor der Freiheit (1941a, GA I, S. 286–288; 292f.; 326–336); Wege aus der kranken Gesellschaft (1955a, GA IV, S. 102f.); Die Furcht vor der Freiheit (1941a, GA I, S. 366) — Abdruck mit freundlicher Genehmigung der Deutschen Verlags—Anstalt München

6 "Der heutige Mensch ist vom Gefühl einer tiefen Ohnmacht erfüllt"
Zum Gefühl der Ohnmacht (1937a, GA I, S. 190–204) Copyright © by The Estate of Erich Fromm

7 "Den Unterschied zwischen dem Authentischen und dem Fassadenhaften sehen"
Therapeutische Aspekte der Psychoanalyse [1991d (1974)], GA XII, S. 302); Der kreative Mensch (1959c, GA IX, S. 399–407) Copyright © by The Estate of Erich Fromm

에리히 프롬 진짜 삶을 말하다

나는 왜 무기력을 되풀이하는가

초판 1쇄 발행 2016년 8월 8일
초판 17쇄 발행 2024년 11월 18일

지은이 | 에리히 프롬
옮긴이 | 장혜경
펴낸이 | 한순 이희섭
펴낸곳 | (주)도서출판 나무생각
편집 | 양미애 백모란
디자인 | 박민선
마케팅 | 이재석
출판등록 | 1999년 8월 19일 제1999-000112호
주소 | 서울특별시 마포구 월드컵로 70-4(서교동) 1F
전화 | 02)334-3339, 3308, 3361
팩스 | 02)334-3318
이메일 | book@namubook.co.kr
홈페이지 | www.namubook.co.kr
블로그 | blog.naver.com/tree3339

ISBN 979-11-86688-51-9 03180